保守と立憲

世界によって
私が変えられ
ないために

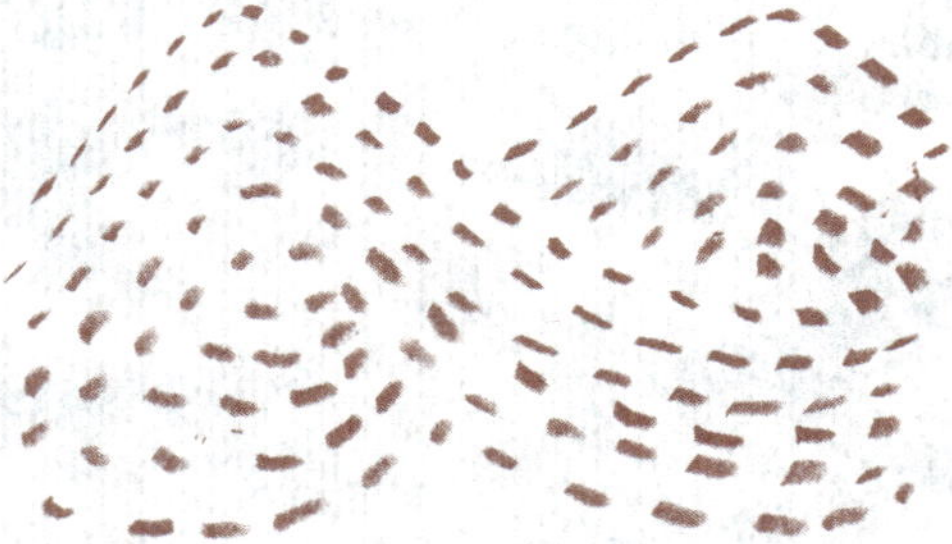

中島岳志

STAND BOOKS

保守と立憲

世界によって私が変えられないために

五　思想とは態度である　209

一

保守と立憲

——不完全な私たち

右左の二項対立を超えて

二〇一七年の半ば以降、安倍内閣の支持率と不支持率が拮抗し、時に不支持が支持を上回るようになっています。

アベノミクスによって経済がよくなったと言われても、実質賃金は低下しており、庶民の財布の中身は一向に豊かになりません。一方で、安倍内閣は加計学園問題（二〇一七年）をめぐって、知人への不公正な優遇を行った疑惑を追及されています。秘密保護法や共謀罪の成立で将来の言論活動の萎縮が懸念され、安保法制の成立をめぐっては、強引な解釈改憲によって立憲主義がないがしろにされました。二〇一三年十二月には安倍首相が靖国神社参拝を行うなど、右派的な歴史認識も相変わらずです。

このような右派的で強引な政権運営に対して、多くの人が不安や嫌悪を抱いているのでしょう。支持率の低下と不支持率の上昇は、その結果と言えます。

しかし、安倍内閣は選挙で勝ち続け、衆参両議会で圧倒的な数を維持しています。不支持率が高いにもかかわらず、多数派を形成し続ける自公政権。なぜ、そのようなことが続くのでしょうか？

もちろん大きな原因のひとつは選挙制度にあるのですが、それ以上に重要なのは、国民にとって「もうひとつの希望ある選択肢」が、なかなか見いだせなかったという現実があります。

安倍内閣が「一隻の船」だとしましょう。この船は徐々に傾き、沈んでいっている。しかし、乗り移るべき別の船が見当たらない。あっちに移れば大丈夫という安心感や希望を与えてくれる代わりの船が見当たらない。仕方がないので、ズブズブと沈んで行く船にしがみついている。そんな状況が、最近の多くの国民のあり方なのではないでしょうか。

従来の構図で言えば、右派政権に対抗するのは左派ということになるでしょう。しかし、彼らの一部は教条的で、時に実現可能性やリアリズムを無視した反対意見を振りかざします。その態度はしばしば強硬で、何か自分たちが「絶対的な正しさ」を所有しているような雰囲気を醸し出しています。

多くの庶民は、その姿に違和感と嫌悪感を抱いてきたのだと思います。一部の左派の主張や行動には、「自分たちは間違えていない」という思い上がりが多分に含まれていました。生活世界の良識を大切にしてきた庶民にとって、その独断的でドグマ的な態度は、修正の余地を残さない「上から目線」と捉えられ、忌避されてきたのでしょう。

――「強権的なウヨク」政権と「教条的なサヨク」運動。

この両者は、対立しているように見えて、実は同じ態度を共有しています。それは自分と異なる人の意見に、なかなか耳を傾けようとしないという点です。両者とも「自分たちの正しさ」を疑わず、丁寧な合意形成を拒絶するという点で、同じ穴の貉《むじな》のように見えます。このような態度が、庶民からは「上から目線」と見なされ、「厄介な人たち」として距離をとられてきたのだと思います。

今、重要なのは、この二項対立を超えた「もう一隻の船」を準備することではないでしょうか。多くの国民が求めているのは、極端な選択肢ではありません。極端な態度の中には、自らの能力に対する過信や特定の政治的立場に対する妄信が含まれています。そのためどうしても独善的になりがちで、他者の見解を頭ごなしに退けようとします。

大切なのは、自己の正しさを不断に疑い、他者の多様性を認める姿勢です。異なる見解の人に対してバッシングをするのではなく、話し合いによる合意形成を重んじ、現実的な解決を目指す態度こそ重要です。

私はこのような態度こそ「リベラル」の本質だと思っています。そして、「保守」の本質だとも思っています。リベラルの反対語は「パターナル」です。「保守」ではありません。「パターナル」とは「父権的」と訳されるように、相手の意志を問わずに介入・干渉する態度を言います。「強権的なウヨク」も「教条的なサヨク」も、基本的にパターナルです。いくらリベラルなことを言っていても、態度がリベラルでなければ意味がありません。

今、求められている「もう一隻の船」は、「リベラルな現実主義」です。私はこの立場を「リベラル保守」という言葉で表現してきました。本書では、「リベラル」と「現実主義の保守」に橋をかけながら、「もう一隻の船」の輪郭を示したいと思います。

保守とは何か

さて、ここでは「保守」とはどのような思想なのかを考える必要があります。最近は「保守」という言葉が政治の場で溢れ、一種の「保守バブル」が起きています。しかし、そこで言われる「保守」は、論者によってバラバラで、一定した内容を有していません。それぞれが自分の都合のいいように「保守」という言葉を使っているだけのように見えます。

では一体、「保守」とは、どのような思想なのでしょうか?

この問題を考える際に、ひとりの学者の手を借りることにします。カール・マンハイムという二十世紀前半に知識社会学を構想した人です。

彼には『保守主義的思考』（一九二七年）という重要な著作があります。保守思想を考察する際には、必ず参照しなければならない本のひとつです。

マンハイムは、ここで「伝統主義」（自然的保守主義）と「保守主義」（近代的保守主義）を明確に区別するべきだと主張します。まずは、彼の言葉を引用してみましょう。

> われわれは、普遍的な人間の本性としての伝統主義と、ひとつの特殊な歴史的・近代的現象としての保守主義とを区別する。
>
> （カール・マンハイム『保守主義的思考』ちくま学芸文庫、一九九七年）

マンハイムは、「伝統主義」を「普遍的な人間の本性」と位置付けています。たとえば私たちは、一度も行ったことのない外国にひとりで降り立った時、不安な気持ちを抱き、場合によっては「早く日本に帰りたい」と思ったりするでしょう。あるいは、長年親しんできた慣習を急に変えることに抵抗を感じたりします。このような態度のことを一般的に「保守的」と言ったりしますが、これはあくまでも「普遍的な人間の本性」で、政治的な立場を超えてほとんどの人が共有しているものです。これを政治上の「保守」と定義付けると、人類はみんな「保守」ということになってしまいます。

マンハイムは、このような「人間の普遍的な本性」を「伝統主義」と位置付け、「保守主義」と区別しました。

では、保守主義とはどのような思想なのでしょうか？

彼は「ひとつの特殊な歴史的・近代的現象」と言っています。つまり、近代という時代の中で産み出された歴史的で特殊な立場が「保守主義」だと言います。では、いつどこで、誰が「保守主義」というものを産み出したのでしょうか？

その発端に位置付けられるのは、近代保守思想の祖として知られる十八世紀イギリスの政治家エドマンド・バークです。彼は、一七九〇年に『フランス革命についての省察』という本を出版し、同時代に起きたフランス革命を厳しく批判しました。この本が嚆矢《こうし》となって、近代保守思想は誕生したとされます。

バークは、海を隔てた隣国・フランスで起きた革命を批判しました。彼はフランス革命の中に、近代主義の様々な問題を見いだしたのですが、その中心には理性を万能視する人間観への不信がありました。

バークは、フランス革命を支えた左派的啓蒙主義が、人間の理性を無謬《むびゅう》の存在と見なしていることに疑問をぶつけました。バーク曰く、革命家や啓蒙主義者たちは、人間の理性を間違いのないものだと考えすぎています。合理的に物事を進めていけば、世界はどんどん進歩して行き、やがて理想的な世界を作ることができる。人間はユートピアを合理的に設計し、構築することができる。そんな人間観が共有されていることに、バークは違和感を表明しました。

冷静に人間を見つめてみると、どんなに頭のいい人でも世界を完全に把握することはできず、時に過ちや誤認を犯してしまうことに気づきます。どんなに立派な人でも、エゴイズムや嫉妬から完全に自由になることはできません。人間は知的にも倫理的にも不完全な存在であり、これは過去・現在・未来にわたって一貫しています。

バークはこのような人間観から、フランス革命が人間の完成可能性を前提としている点を厳しく批判し、人間の不完全性を強調しました。

不完全な人間によって構成される社会は、どうしても不完全のまま推移せざるを得ないと、バークは指摘します。人間は有限なる存在で、完全性を手にすることなどあり得ません。パーフェクトな人間など、これまでの歴史の中には誰ひとりとして存在せず、またこれからの世界にも存在し得ません。だとすれば、不完全な人間が作る社会は、永遠に不完全であって、完成などしない。そう考えました。

バークは理性の存在を否定したのではありません。理性の万能性を疑ったのです。バークは真に理性的な人間こそ、理性によって理性の限界を把握していると言います。理性の無謬性を説くことは、真に理性的な行為ではなく、理性に対する根拠なき妄信にすぎません。人間は不完全なので、どうしてもその理性の中に間違い（誤謬《ごびゅう》）を含んでいます。そのことを冷静に捉えることができるのが、真に理性的な人間だとバークは見なしました。

では、不完全な社会を安定的に維持し、秩序を保持していくには、どのようにしていけばよいのでしょうか？　バークは個人の理性を超えたものの中に英知が宿っていると考え、その存在に注目しました。それは多くの庶民によって蓄積されてきた良識や経験知であり、歴史の風雪に耐えてきた伝統です。頭のいいエリートが書いた設計図や思想よりも、多くの無名の人たちが長い時間をかけて紡ぎ上げてきた経験知や良識に、まずは依拠してみるのが重要なのではないかと考えました。

しかし、過去の人間も、今の人間と同様に不完全です。いくら集合的な経験知と言っても、その中には過ちも含まれています。限界もあるでしょう。しかも、世の中はどんどん変わっていきます。五十年前には素晴らしかった福祉制度でも、人口構成が違ってくれば、そのままでは意味をなしません。やっぱり変えていかなければならない。大切なものを守るためには、変わっていかなければならない。そのため、バークは「保守するための改革」が重要だと言いました。

ただし、それは左派の革命のように、「これが正しい」と一気に世の中を改造しようとするのではなく、歴史の中の様々な英知に耳を傾けながら、徐々に変えていくことが望ましいと言います。改革は常に漸進的（グラジュアル）でなければならない。保守が重視するのは、「革命」ではなく「永遠の微調整」です。そこには人間の能力に対する過信をいさめ、過去の人間によって蓄積されてきた暗黙知に対する畏怖の念が反映されています。

保守とリベラル

一方、現代的な意味での「リベラル」という観念は、ヨーロッパにおいて宗教対立を乗り越えようとする営為の中から生まれたものでした。十七世紀の前半、ヨーロッパは三十年戦争という泥沼の宗教戦争（カソリックVSプロテスタント）を経験しました。ヨーロッパ人は宗教的な価値観の違いをめぐって、約三十年にもわたる戦争を行ったのです。この戦争が終結した時、これ以上、価値観の問題で争うことを避けるため、異なる他者への「寛容」の精神が重要だという議論になりました。この「寛容」が、「リベラル」の起源です。自分とは相容れない価値観であっても、まずは相手の立場を認め、寛容になること。個人の価値観については、権力から介入されず、自由が保障されること。この原則がリベラルの原点であり、重要なポイントとなりました。

「リベラル」の原理は、保守思想と極めて親和的です。繰り返しになりますが、保守は懐疑主義的な人間観を共有します。もちろん、この人間観は、ほかならない自分にも向けられます。自分の考えや主張は、完全なものではない。間違いや事実誤認が含まれているかもしれない。自分が見逃している視点があるかもしれない。もっといい解決策があるかもしれない。そのように自分に対する懐疑の念が生まれると、当然、他者の声に耳を傾け、自己の見解に磨きをかけようとします。間違いがあれば修正し、少数者の主張に理があれば、その意見を取り入れて合意形成をしようとします。保守の懐疑主義は、他者との対話や寛容を促します。

日本を代表する保守思想家の西部邁は、一九九三年に『リベラルマインド　歴史の知恵に学び、時代の危機に耐える思想』という本を出版しています。この当時、日本は「政治改革」をめぐる政界再編の只中にありました。そして、政治改革の本丸は、政治資金の規制と共に、小選挙区制の導入にあるとされていました。

西部は小選挙区制の導入に真っ向から異議を述べ、抵抗しました。その最大の理由は、日本の政党政治から「リベラルマインド」が失われるという点にありました。

見逃しにできないのは、選挙制度と政治資金のことをめぐって口角泡を飛ばしているうち、「政党本位」があたかも政治の王道であるかのように喧伝されていることだ。つまり、政党中枢が小選挙区における立候補の決定と政治資金の調達・分配とを独占するのがさも素晴らしいことであるかのようにみなされているのである。もしリベラリズムの必要を少しでも感知するなら、その方角にむしろ「個人本位」の政治が浮上してくるとわかるはずだ。というのも、リベラリズムという精神の有機体は政治家諸個人のあいだにおける自由な対話・討論を土壌として生育するのだからである。控え目にいっても、政治家個人の自由な言動にたいしてあたうかぎりパーミッシヴな、つまり許容的な政党でなければ、とても自由党とはいえない。自由党の生誕が視野のなかに入っていないからこそ「政党本位」を口にすることができる次第である。

（西部邁『リベラルマインド　歴史の知恵に学び、時代の危機に耐える思想』学習研究社）

西部は、小選挙区制導入によって個人の自由闊達な対話、討論が失われることを危惧し、自由な政党の要件であるリベラリズムの保持を訴えています。

西部が強調するのは「自己懐疑」の重要性です。保守思想が人間の不完全性の認識に依拠する以上、「私」は正しさを所有することはできません。そのため、平衡を保つための規範や枠組みを「他者との対話」と「歴史の知恵」（死者との対話）に求めます。そこに生じるのが「リベラリズムという精神の有機体」であり、これを西部は「リベラルマインド」として重視します。保守は、自らの正しさを根源的に懐疑するが故に、リベラルへと接近するのです。

これに対して、現在の安倍内閣は「保守」に依拠しているといえるでしょうか？　安倍首相は国会での議論に消極的で、野党からの質問に正面から答えようとしません。また、少数派の意見に真摯に耳を傾けようとはせず、多数の論理によって法案を推し進めようとします。その結果、強行採決が繰り返され、野党が臨時国会の召集を要求しても応じません。自民党内でも闊達な議論は起こらず、上意下達の決定ばかりが目立ちます。安倍内閣は極めてパターナルな性質を持っていると言うことができるでしょう。

安倍首相は、中国共産党の政治に対して批判的な姿勢をとっていますが、むしろ中国共産党的なパターナリズムを採用しているように見えます。中国共産党は「左派」イデオロギーを土台としていますが、リベラルではありません。中国共産党と安倍内閣は、共通の性質を有しています。

パターナルな安倍政治は、四半世紀前に西部が危惧したことが、現実化した存在といえるでしょう。安倍政治を「保守」と見なすことはできません。

保守と立憲

次に立憲主義について考えてみたいと思います。

立憲主義とは、憲法によって権力に制約を加え、憲法をしっかりと守らせるというものです。「国民の人権を尊重しなければならない」とか「表現の自由を侵してはいけない」といったように、権力が暴走しないための歯止めとして存在しているのが憲法です。

しかし、この立憲主義は、民主主義の考え方と衝突してしまうことがあります。

民主主義は、国民主権を前提とする考え方です。国民は自らの代表者を選挙で選びます。国会議員は主権者である国民によって選ばれた存在であり、彼ら／彼女らは多数派の意思を国民の意思として政治決定を行います。

民主主義の考え方が絶対視されると、立憲主義を敵視する見方が出てきます。憲法は、国民によって選ばれた国会議員の決定に対して制約を加えるのですが、これは民主主義への制約であり、国民主権への圧迫ではないか。そんな批判が出て来るのです。

――主権者である国民が決めたことに対して、なぜ憲法が制限する必要があるのか。国民が選んだ国会議員の決定に制約を加えることは、反民主的な行為ではないのか。

実は、このような意識が肥大化したのが、日本の戦後民主主義でした。そのため長らくの間、「立憲」は「民主」の蔭に隠れて、あまり姿を見せることがありませんでした。「立憲」を強調することが「民主の敵」と見なされてきたのです。

たとえば、行為統治論というものがあります。これは国家統治に関わる高度に政治的な行為について、司法の審査の対象から除外すべきであるという考え方です。裁判所の裁判官は、国民の投票によって選ばれているわけではありません。一方、国会議員は選挙によって当選した人たちです。どちらの決定や判断が重視されるべきかというと、最終的には国会議員だというのです。主権者である国民によって選ばれたことこそが「政治」の最大のレジティマシー（正統性）と見なされると、高度に政治的な国家行為については、司法が違憲の判断を下すことを控えるべきという考え方が支配的になります。

このような〈立憲に対する民主の優位〉が支配的になると、民主的に選ばれた権力者の暴走を止めることが難しくなります。彼らは、自分たちが国民から選出されたことを楯にして、強引な決定を正当化していきます。「国民によって選ばれたこと」が「憲法による制約」を上回るパワーを持つ時、民主主義は極めて危ない方向へと展開して行きます。

安保法制をめぐる安倍内閣の暴走は、立憲主義が軽視されてきた戦後民主主義の徒花《あだばな》だと言えます。安倍首相は二〇一四年二月三日の衆院予算委員会で、国家権力を縛るものが憲法であるという立憲主義について「それはかつて王権が絶対権力を持っていた時代の主流的な考え方」として、無下に退けようとしています。

安倍首相としては、自分たちこそが国民によって選ばれたのだから、自分たちが決定して何が悪いんだという感覚なのでしょう。立憲主義なんて古臭い。それは国王が絶対的な権力を持っていた時代の代物で、民主主義が履行されている現代に意味がない。だから、立憲主義で民主主義を縛るのはおかしいという論理がここには見え隠れします。

保守はこのような見方を採用しません。保守は、民主主義の暴走に対して立憲主義の擁護を基調とします。

民主主義は時に猛威を振るいます。国民の多数派が選んだ政治家が、少数派の意見をまったく聞かず、邪魔者扱いをして弾圧すれば、そこに民主的な専制政治が生まれます。『アメリカのデモクラシー』（一八三五年）を書いたアレクシ・ド・トクヴィルは、社会が流動化し、バラバラの個人の群れによって構成される社会は、「多数者の専制」に陥りやすいと指摘しました。不安と孤独を抱えた人々は、無秩序への恐怖を抱き、「多数者の気分」を代弁してくれる「後見的権力」を支持していきます。そうすると途端に独裁的な政治が誕生し、人々は容易に服従していきます。

保守は、いかに民主的に選ばれた政府であっても、立憲主義による制約を受けることを前提とします。もちろん、選挙における「国民の決定」も、憲法によって制約されます。いくら多数決で決めても、それを憲法によって否定することがある。それが立憲主義です。

では、国民や政府は、憲法を通じて誰から制約を受けているのでしょうか？

それは死者たちからです。現在の秩序や社会のあり方は、先人たちの長い年月をかけた営為の上に成り立っています。数えきれない無名の死者たちが、時に命を懸けて獲得し、守って来たのが、自由をはじめとする諸権利です。死者たちの試行錯誤と経験知が、今を生きる国民を支え、そして縛っているのです。

保守にとって重要なのは、死者の立憲主義です。憲法は、死者による権力に対する制約であると同時に、民主主義の過剰に対する歯止めです。人間は間違いやすい動物です。いくら国民の多数に支持された内閣であっても、不完全な人間によって構成される以上、その中に誤謬が含まれています。そのため、その誤謬によって国民の生命や権利が踏みにじられないように、憲法による制約が必要不可欠になります。

立憲主義を否定する政府は、歴史や死者から解放された存在です。これは危険な存在です。歴史の中に自己の枠組みを見いだそうとする保守思想は、立憲主義を積極的に擁護します。憲法は英語でConstitutionです。この語は「構造」という意味を含んでいます。保守にとっての憲法は、死者たちの営為によって構築されてきた「国の構造」を意味します。現代を生きる私たちは、なんでもかんでも自由に変えることのできる権利など持っていません。歴史のフレームに沿いながら、先人たちの経験知の集積であるConstitutionをしっかりと遵守する。自己を超えたものへの畏敬の念を持ちながら、時代の変化に応じて変えるべき点については微調整を加える。これが保守にとっての立憲主義のあり方です。

政治の見取り図

さて、ここで現在の政治を整理してみたいと思います。下の図を見て下さい。

政治（特に内政）は、大きく分けてふたつの仕事を担っています。ひとつは「お金」をめぐる仕事。もうひとつは「価値」をめぐる仕事です。

「お金」をめぐる仕事のあり方については、「リスクの個人化」と「リスクの社会化」というふたつに方向性が分かれます。人間は、生きている限り様々なリスクにさらされ続けます。明日、突然難病を発症するかもしれず、またいつ交通事故に遭ってこれまで通りの生活ができなくなるかしれません。

このようなリスクに対して、「リスクの個

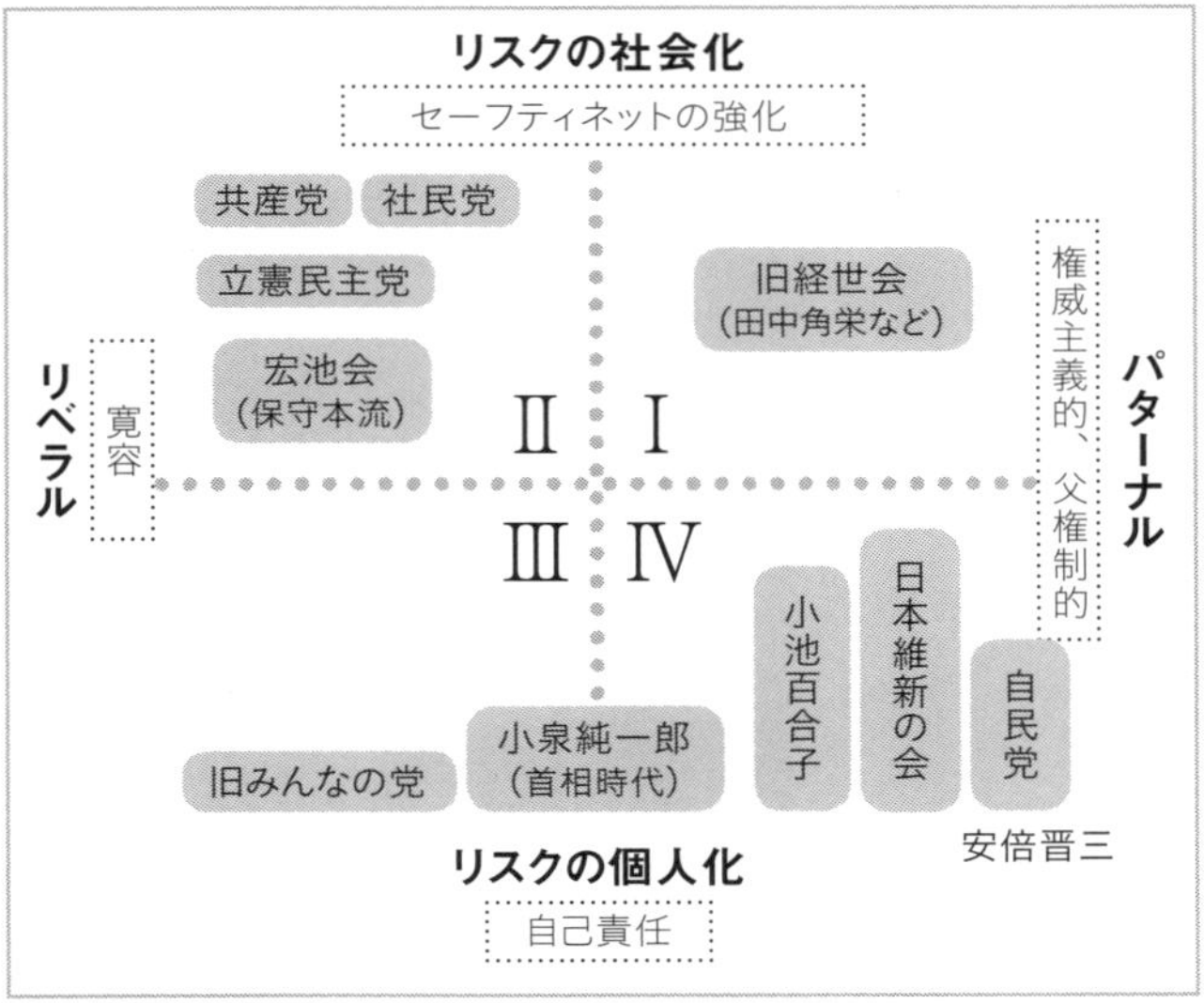

人化」路線は、「自己責任」を突き付けます。政府は税金をあまり多く取らない代わりに、福祉などのサービスを手厚くはしません。あくまでもリスクに対しては個人で対応することを要求します。いわゆる「小さな政府」というあり方です。

一方、「リスクの社会化」路線は、「セーフティネットの強化」を打ち出します。個人に降りかかるリスクに対して、できるだけ社会全体で対応することを目指し、福祉などのサービスを充実させます。民間のＮＰＯ活動や寄付なども活発化させ、人々が窮地に陥らないようにケアし合います。この路線は、税金は高くなるけれども、サービスが充実するという「大きな政府」というあり方につながります。

この「お金」をめぐる対立軸に対して、もう一方の「価値」をめぐる対立軸は「リベラル」と「パターナル」に分かれます。「リベラル」は、個人の価値観に対して権力は極力介入せず、自由を保障しようとします。逆に「パターナル」は父権的な価値の押し付けを是とし、価値の自由を制約しようとします。たとえば、「リベラル」が「強制的な夫婦同姓」制度に異を唱え、夫婦別姓という選択肢を容認するのに対し、「パターナル」はこれを認めようとしません。あくまでも「強制的な夫婦同姓」を国民の価値観として固定化しようとします。

このようなふたつの対立軸で政治を捉えた時、大きく四つの立場が浮上します。

現在の安倍政権は、どの象限に位置付けられるでしょうか？　これは間違いなく「Ⅳ」でしょう。法人税減税をはじめ、「お金」をめぐる政策の基調は「リスクの個人化」にあります。社会的弱者が福祉に頼ることに懐疑的で、競争や自己責任を強調します。最近になって、子育て支援や非正規労働者の待遇改善を掲げる「一億総活躍社会」を謳っていますが、極めて限定的です。「価値」をめぐっては、明らかに「パターナル」な傾向を強めています。特定秘密保護法から共謀罪（組織犯罪処罰法）に至る政策は、個人の価値観に対する監視権力の強化であり、歴史認識についてもタカ派的立場を堅持します。

現在の日本はすでに「小さすぎる政府」になっています。全GDPに占める国家支出の割合も小さく、租税負担率も低い。国民に占める公務員の割合も先進国の中では最低ランクです。自民党は、九〇年代の政治改革以降、「小さな政府」路線を進めて来ました。そして、安倍内閣は価値の軸におけるパターナリズムを強化しています。

立憲民主党と希望の党

このような政権与党に対抗するには、どのようなヴィジョンを掲げるべきでしょうか？

当然、「Ⅱ」のポジションを取ることが、対立軸を明確化することにつながります。「リスクの社会化」と「リベラル」を基調とする政策を掲げ、オルタナティブを提示することが望ましいでしょう。

二〇一七年秋の衆議院選挙で、希望の党が失速した最大の要因は、この構図の整理ができていなかったことにあります。なんと言っても希望の党をわかりにくくさせたのが、小池百合子・東京都知事の存在でした。小池知事は、「自助」を強調する「リスクの個人化」路線であり、「夫婦別姓反対」やタカ派的歴史認識に見られるように「パターナル」な姿勢を鮮明にしています。つまり、安倍政権と同じ「Ⅳ」の象限に位置付けられる政治家です。だから、安倍政権に対する「政権選択」を掲げても、「現政権と一体何が違うのか」という疑問を有権者は抱き、対立軸がわかりづらくなりました。

民進党の希望の党への合流を主導した前原誠司は、直前の民進党代表選挙で「All for All」を掲げました。明らかな「リスクの社会化」路線の表明です。これは前原だけでなく、他の民進党からの合流組にも共有されてきた方向性です。細野豪志は二〇一五年一月の民主党代表選に出馬した際に、次のような理念を掲げています。

「我が国が直面している人口減少と格差拡大の傾向を反転させ、正社員として働ける社会、結婚できる社会、安心して子育てできる社会を目指します」（代表選パンフレット）

また、「価値」の問題についても、「価値の押しつけ・排除から　多様性ある社会へ」を掲げ、次のように主張しています。

「選択的夫婦別姓を導入し、LGBT（レズビアン、ゲイ、バイセクシャル、トランスジェンダー）への偏見を排除します。里親・養子縁組の活用、障がい者福祉、DV・自殺対策を重視します」

（同パンフレット）

細野の場合、このような政治的主張は希望の党に移っても、変わっていません。だからこそ、希望の党の指針として「寛容な改革保守」という方向性を打ち出したのだと思います。「寛容」とは「リベラル」のことであり、希望の党も全体として「リベラル保守」を政策の基調としています。よって希望の党の多数派は「Ⅱ」の路線ということになります。

端的に言って、希望の党の最大の失敗は小池都知事を担いだことにあります。「政権選択」と言いながら、安倍政権と同じ方向性の人物をトップにしたことで、選択のための対立軸が不明確になったことが最大の問題でした。さらに中山恭子氏、中山成彬《なりあき》氏のような右派政党「日本のこころ」のメンバーを入れたことが、わかりにくさを加速させました。中山成彬氏は選挙戦前にツイッターで、「安倍（晋三）首相の交代は許されない」と投稿し、「政権選択」という看板を内側から崩壊させました。

逆に、立憲民主党は「Ⅱ」の立場を鮮明にしたため、政権との対立軸の明確化に成功し、多くの支持を集めることに成功しました。このことは希望の党の今後にとって、極めて示唆的です。いくら中道保守の票を獲得しようとしても、「Ⅳ」の政党と見なされる限り、自公政権のオルタナティブとはなりません。あくまでも「Ⅱ」を基調としなければ、多くの有権者の選択肢とはならないのです。

立憲民主党の重要なポイントは、「Ⅱ」の立場を「リベラルな保守」として位置付けた点にあります。かつて自民党の中にも「Ⅱ」の立場を取る人たちがいました。宏池会をはじめとする保守本流の人たちです。立憲民主党の枝野幸男代表は出演したテレビ番組の中で、自らのスタンスを「『三十年前なら自民党宏池会ですよ』と述べ（『スッキリ』日本テレビ系、二〇一七年十月二十四日）、自民党から失われつつある保守本流を継承する方向性を示しています。この「Ⅱ」の立場を、教条的なサヨクの独占物とせず、リベラル保守による現実主義路線として位置付け直すことが、野党の政権奪取にとって重要になります。

保守と共産党の共闘の可能性

「Ⅱ」の路線を取る政党が共闘して選挙に勝ち、政権を担うためには、日本共産党の存在を無視することはできません。小選挙区で一対一の勝負に持ち込むためには、共産党との選挙協力が不可欠です。希望の党のもうひとつの失敗は、「共産党と選挙協力をすると左傾化する」と考え、野党共闘を拒絶した点にあります。

しかし、共産党の掲げる政策をじっくりと吟味すると、極めて保守的であることに気づかされます。たとえば、新自由主義やグローバル資本主義の暴走に対峙し、「TPP反対」を掲げ、農家や中小企業を守ろうとしています。大企業の過剰な内部留保と利益を中小企業など社会に還元し、家計、内需主導の安定路線を目指しています。共産党の内政面での政策は、どの政党よりも保守的です。つまり、共産党と組むことで左傾化するのではなく、共産党の政策を取り込むことによってこそ、本来の保守へと接近するという逆説が存在するのです。ここが共産党との関係を構築する上で重要なポイントとなります。

もちろん、政党間の齟齬は存在します。最大の問題はアメリカとの関係でしょう。共産党は「日米安保条約の廃止」を主張し、「対等平等の日米友好条約」を結んだ上で、日本国内のアメリカ軍基地の撤退を訴えます。対米従属を批判する共産党の主張は、本来の保守派の路線と軌を一にしますが、現実的には一気に同盟関係の解消を進めることは難しいでしょう。野党共闘を進めるためには、対米関係についての短期的・中期的・長期的ヴィジョンを調整する必要があります。

これからは「Ⅳ」のネオコン的安倍政権に対する「Ⅱ」の政党による共闘関係構築が重要になります。その時の理念の方向性は「リベラル保守」ということになるでしょう。ここに共産党や社会民主主義者との連帯が構築できれば、野党による連立政権の樹立は十分可能です。立憲民主党が中核となって共産党と共闘する「リベラル保守」政権の樹立こそ、次の課題となります。希望の党は、この流れに呼応する努力をしなければ、党そのものの存続が難しくなるでしょう。

自由のパラドクス

少し、先ほどの図に戻ってみましょう。「リベラル」には「リスクの個人化」をとる「Ⅲ」の路線と、「リスクの社会化」をとる「Ⅱ」の路線があります。「Ⅲ」の場合は、できるだけ国家の介入を減らして、個人の自由の範囲を広げようとします。一方で、「Ⅱ」の場合は、一定程度の国家の介入を行うことで、個人の自由を実現していこうとします。

最初にヨーロッパで構想された自由論は、「Ⅲ」のタイプのものでした。十七世紀の思想家ジョン・ロックは、国家を国民との契約によって権限を制約される存在と見なしました。国家は生命や身体、財産などの自由を守るために必要であるものの、存在理由は手段的なものに限定されます。このようなリベラリズムを「古典的リベラリズム」と言います。

これに対して、「Ⅲ」のタイプでは本当の自由は実現できないとして、「Ⅱ」のタイプを主張する人たちが出てきました。彼らはみんなの自由を実現するためには、国や権力が個人の領域に一定程度、介入する必要がある、と考えました。たとえば、経済のすべてを市場に任せておくと、当然のことながら格差や不平等が生じます。すると、いくら自由が与えられていると言っても、貧困家庭に生まれた人は、自分の望む職業を選択することは難しく、自由が奪われた状態になってしまいます。だから、金持ちからたくさん税金をとって、みんなで分けて、各自が自由を追求するための基礎要件を国が整備するべきである、と彼らは考えました。権力が積極的に関与することで、真の自由に到達するという考え方です。これは、再配分の強化や福祉国家の実現などの主張につながっていきました。

しかし、「Ⅱ」のタイプのリベラリズムには、落とし穴がありました。自由の実現のために、国家が個人の領域に介入するという方法は、そのやり方が過剰になると、多くの人の自由を圧迫するようになっていきます。たとえば共産主義国家の失敗が、これに当たります。共産主義国家の指導者は、真の自由の実現を掲げて、国民に対する思想的統制を行いました。また極端なかたちで経済統制を行い、基幹産業の国有化や国家による計画経済を推し進めた結果、マーケットから活力を奪い、経済的苦境を招きました。彼らはリベラルを掲げながら、次第にパターナルへと傾斜するという逆説を歩みました。これが「積極的自由のパラドックス」と言われるものです。ここには「統治の過剰」という問題がありました。

このため、「Ⅱ」のタイプのリベラリズムを批判して、再び「Ⅲ」のタイプのリベラリズムを掲げる人たちが出てきました。新自由主義者やリバタリアンといわれる人たちです。

しかし、「Ⅲ」のタイプのリベラリズムにもパラドックスは存在します。「Ⅲ」を推し進めていくと、格差が広がり、貧困が拡大します。「自己責任」というスローガンによって自由を与えられると、人々はどんどん孤立し、孤独になっていきます。国民の間に亀裂が生じ、不安が蔓延します。過酷な競争社会は、安定した社会基盤を失わせ、社会の流動化を加速させます。その結果、強いリーダーに惹かれて権威主義的パーソナリティに飛びついていく傾向が強くなります。E・フロムがいう「自由からの逃走」という問題です。自由を与えられたがゆえに、人々が自由から逃げて行くという逆説です。

つまり、「Ⅱ」のタイプも「Ⅲ」のタイプも、過剰になると自由を喪失するパラドックスにはまってしまう。自由を追求しながら、自由を手放してしまうことになる。これではリベラルの意味がありません。

保守の考えるリベラルは、ⅡとⅢの平衡感覚を重視します。どちらに偏りすぎても問題が生じるので、うまく両者のバランスを取りながら、人々の多様性や自由を確保する。これが「リベラル保守」に求められる態度ということになるでしょう。

懐疑主義的な人間観に依拠する保守は、常にバランス感覚を重視します。私が尊敬する保守政治家・大平正芳は「政治に満点を求めてはいけない。六十点であればよい」と述べています。

大平は、自己に対する懐疑の念を強く持っていた政治家でした。自分は間違えているかも知れない。自分が見落としている論点があるかもしれない。そう考えた大平は、「満点」をとってはいけないと、自己をいさめました。

「満点」をとるということは、「正しさ」を所有することになります。また、異なる他者の意見に耳を傾けるということも忌避します。大平は、可能な限り野党の意見を聞き、そこに正当性がある場合には、自分の考えに修正を加えながら合意形成を進めていきました。これが六十点主義を重んじたリベラル保守政治家の姿でした。

様々な不安が拡大し、バッシングが巻き起こる現代においては、穏健で現実的なリベラル保守の政治が必要です。この流れを立憲民主党が発展的に継承できるかどうかは、まだ不透明で未知数ですが、リベラル保守の理念を掲げ、現実的な政策を提示する政党が誕生したことには、間違いなく重要な意義があります。「強権的なウヨク」政権でもなく、「教条的なサヨク」運動でもない「リベラル保守という船」の出航に、私は期待を寄せています。

本書では、保守思想の観点から、立憲主義やリベラルについて、様々な角度から論じていきたいと思います。そこで重要なポイントとなるのが、死者の存在です。死者という問題を考えることこそが、政治学において重要な意味を持つと、私は考えています。

■書き下ろし

二 死者の立憲主義

死者と共に生きること

東日本大震災の時

二〇一一年三月十一日。

あの大地震の日、私は日本にいなかった。大学の講義や入試業務が一段落し、夫婦で束の間の旅行に出かけ、その日はメキシコにいた。

地震の情報に接したのは、飛行機でキューバに到着し、ハバナ市内を自動車で移動している時だった。私はスペイン語ができない。そのため、カーラジオが伝えるニュースの詳細はわからなかったのだが、通訳者によって断片的に東北地方に津波が押し寄せているということは理解できた。

ホテルに到着し、部屋のテレビのスイッチをつけると、次々に凄惨な光景が映し出された。その時私が見た映像は、おそらく日本では放送されていないものだと思う。それは高台に逃げる自動車の列を背後から津波が襲い、乗車中の人もろとも流されていく映像だった。私は妻と共に言葉を失った。初めて訪れる異国で、失語状態になったことを昨日のことのように覚えている。

幸い成田空港の離発着が早期に再開され、予定通り日本に帰ってくることができた。地震から一週間ほど経った日のことだ。

当時住んでいた札幌の自宅に戻り、テレビをつけると、避難所で呆然と立ち尽くす人々の姿が映し出されていた。ある人は着の身着のままの状態で毛布にくるまり、ある人はただ天井を見続けていた。

高名な僧侶が、テレビ番組で被災地に向けて「死」について語っていた。私はその様子を見て、「この人はわかっていない」と直感的に思った。被災地の人たちが震えているのは「自己の死の恐怖」についてではないと思ったからだ。

では、彼ら・彼女らは何に震え、立ちつくしていたのだろうか。それは「死者となった大切な人の存在」をどのように受けとめればいいのかがわからないことに起因しているように、私には思えた。

目の前で親が流された人もいただろう。手を差し伸べても救うことができなかったことに痛恨の念を抱いている人もいただろう。彼ら・彼女らは、唐突にやってきた「二人称の死」を受け入れることができず、「その人」の喪失にうろたえているように見えた。

今被災地が抱えている問題は「死」の問題ではなく、「死者」という問題だ――。

そう思った私は、被災地に向けた「死者論」を書きはじめた。

私の小さな経験

死者の問題を考えた時、私の脳裏をよぎった「小さな経験」があった。

震災から一年程前のことだ。私にとって大切な友人が亡くなった。Sさんは私よりも年上で、私の書く本の担当編集者でもあった。

そんな彼が突然、亡くなった。私は大きな喪失感を味わい、しばらくの間、なかなか仕事が手につかない日々を送った。心ここにあらずという状態が続いた。

Sさんの死から約一ヶ月後のこと。その日は大学の仕事が遅くまであり、帰宅したのは深夜一時を過ぎていた。今すぐにでも床に入って眠りたい状態だったが、どうしてもその夜に書き上げなければならない原稿があり、渋々パソコンの画面に向かった。

その時、私はかつて書いたことのある内容を執筆し、あっという間に与えられた文字数を埋めた。時間は午前二時。これで眠れると思い、原稿をメールで送信しようとした。

しかし、私の手がふと止まった。送信ボタンをクリックすることができなかったのだ。なぜか。それは、ふとSさんのまなざしを背後に感じたからだ。

私は少し考え直し、もう一度、原稿を開いてみた。そして、一から書き直し始め、三時間程で新たな原稿を完成させた。

もう夜が明け、窓の外は明るくなっていた。

書き上げた原稿は私にとって、ある程度、納得のいくものだった。今度はスムーズに送信ボタンをクリックすることができ、無事、担当編集者の元に送ることができた。

ほっとして床に入り、目を閉じた。もう数時間後には起きて、出勤しなければならない。早く眠ってしまおうと思った時、ふと「この数時間は一体、何だったのか？」という思いが私の中で湧き上がってきた。

もし、死者となったSさんが私の背後に現れなければ、私は三時間前に眠ることができたはずだ。おそらく「今」は深い眠りの中にあっただろう。しかし、彼の存在を感じたことによって、私は原稿を書き直し、「今」ようやく眠りにつこうとしている。一体、この時間は何だったのか？

「そうか」と私は思った。

――私はSさんと出会い直した。

これが、はっきりとした実感だった。Sさんが生きている時には、同様のことなどなかった。彼が私にとって倫理的な存在となったことなどなく、よく生きることを促すようなこともなかった。しかし、彼は死者となって私の背後に現れ、私に厳しいまなざしを向けてきた。こんなことは、彼が生きている時には考えられなかった。

私は死者となったSさんと、この時、出会い直したのだ。同じ人間同士でも、生者─生者の関係と、生者─死者との関係は異なる。死者となった彼は、生者の時とは異なる存在として、私に規範的な問いを投げかけてくるようになったのだ。

私は、死者となった彼と共に生きて行こうと思った。彼との新たな関係性を大切にしながら、不意に彼からのまなざしを感じながら、よく生きて行くことを目指せばいいではないかと思えた。

すると、それまで喪失感に苦しんでいた心が和らぎ、大きな障壁が取り払われたような心地になった。それ以来、私は時折、思いもよらないタイミングで現れる彼と言葉にならないコトバで会話し、時に自分の言動をいさめながら生きるようになった。

死者との再会

私は自分の「小さな体験」をもとに、被災地に向けて「死者と共に生きる」という文章を書いた（本書一二二頁）。

けばいい。

――二人称の死は確かに大きな「喪失」だけれども、しかし、その後に必ず「出会い直し」がやってくる。「その人」は死者となって生きている。だから、私たちは死者と共に生きて行けばいい。

そんな内容のエッセイを書き、被災地の新聞に掲載された。

自分でも驚くほどの反響があった。共同通信社配信の原稿だったため、被災地の地元紙だけでなく、各地のローカル紙に掲載されたことから、全国から手紙やメールが寄せられた。そこに綴られた文章は、死者と共に生きる庶民の英知に充ち溢れていた。

数年前、同じ思いの人がいると思い、感動したことがあった。それはフィギュアスケートの浅田真央さんのインタビューだった。

彼女は母を亡くした。その直後の全日本選手権で優勝した彼女は、記者会見で「亡くなったお母さんになんと報告しますか？」と問われ、迷うことなく「一番近くにいる感じがしたので、何も報告しなくてもわかってくれると思います」と答えた。

これは本当の実感が伴った言葉だと、私には思えた。彼女にとって、死者となった母はいつも近くに存在する。一緒にいる。だから、あえて報告する意味がわからなかったのだろう。

浅田さんは、この時予定していたエッセイ本の出版を中止した。〈「ママ、ほんとうにありがとう」何度、ありがとうと言っても足りません〉という宣伝コピーに反発した結果だそうだ。

彼女にとって、これほど実感から遠い言葉はなかったに違いない。なぜならば、彼女は死者となった母と、言葉にならないコトバで会話しているから。

自己に宿る深い思いは、時に言葉にならない。無理に言語化しようとすると、その言葉から思いが逃げていく。大切な思いが言葉に奪われてしまう。

その思いは、論理的な言葉や意味を超えて、涙になり、表情となり、沈黙となる。時に詩となり、歌となる。メロディになったり、一枚の絵になったりすることもある。この次元の表現を、宗教哲学者の井筒俊彦は「言葉」と区別するために「コトバ」と表記した。死者との会話の多くは、言葉を超えたコトバによって交わされる。

保守思想は、死者と共に生きることを前提とする。死者の忘却こそが、「今」という時間を特権化することにつながる。しかし、この「今」は過去の死者たちが築き上げてきた膨大な経験知や暗黙知によって支えられている。私の思考を規定している言語も、多くの死者たちによって伝達され、「今」の私に宿っているものである。

――死者と共に生きていくこと。

この「平凡の非凡」こそが、「今」という時間を支え、「これから」の未来を保障するのだ。

■『表現者』MXエンターテインメント・六〇号・二〇一五年五月一日

死者のデモクラシー

「クローク型共同体」と「サプライズ政治」

民主党（当時）は、二〇一二年末の参議院選挙の際、「動かすのは決断」というスローガンを掲げた。背景には国民の政治不信とシニシズムがあり、「とにかく決めてくれ」という無根拠な変革願望の拡大があったのだろう。

現代の世論は、節操がない。内閣支持率はジェットコースターのように乱高下し、あっという間に風向きが変わる。新内閣の発足時には極端に高い支持率が示され、三ヶ月から半年ほどで急落するパターンを繰り返している。このスタビリティ（安定性）とサステナビリティ（持続可能性）を欠いた社会こそが、独断による「サプライズ政治」を支えている。

社会学者のジグムント・バウマンは、このような現代社会のあり方を「リキッド・モダニティ」（流動的近代）と呼んだ。バウマンの見るところ、現代社会はあらゆる領域で液状化が起こり空間は空虚化している。共同体も労働も家族も、あらゆるものが安定性を失い流動化している。

私たちは確かに多くの選択肢を獲得し、自由を手に入れた。しかし、何にも拘束されない自由は、不確実性を拡大し、存在論的不安を増大させる。寄る辺なき個人は、次第に断片的で短期的な熱狂に傾斜し、ますます社会から安定性が失われる。

バウマンは、このような社会を「クローク型共同体」と呼んだ。ここでいう「クローク」とは、劇場などで一時的に荷物やコートなどを預ける「クローク」のことである。

私たちにとって、劇場に行くことは非日常的で「特別な出来事」である。普段はバラバラの人たちが、ある夜一ケ所に集まり、同じストーリーを共有する。昼間は趣味や仕事が別々の人たちが、ここでは急に均一的な集団と化し、同一的な興奮に酔いしれる。笑い、悲しみ、涙、拍手喝采、沈黙……。人々は外の関心事を一時的に棚上げし、後回しにする。

しかし、演劇が終わると、観客たちはクロークで荷物を受け取り、コートを着て、あっという間に町の雑踏の中に消えていく。そして、少し前まで共有していた「共通の幻想」は雲散霧消する。劇場で群衆は一時的に集団化するものの、個々の関心を長期的に融合し、統一することはない。一定の時間が過ぎれば、集合性は解体され、バラバラな個人に還元される。

このようなクローク型の社会では、不確実性、不安定性、安全性欠如が三位一体となって押し寄せ、常に「瞬間的な感情の共有」と「スピード感」ばかりが要求されるようになる。そこでは熟慮や熟議がないがしろにされ、ひたすら断片的熱狂を繰り返しながら不安ばかりが増大する。そして、その不安がさらに独断を求めていくという悪循環が引き起こされる。

今から振り返ると、野田（佳彦）内閣（二〇一一年九月〜二〇一二年一月）の支持率が顕著に上がった瞬間は、突然「解散する」と独断的決定をした瞬間だけだった。このような「リキッド・モダニティ」に適応した「サプライズ政治」は、ますます政治から安定性を奪い、不安と不信を高めることになるだろう。

平凡の非凡

流動的であるがゆえに瞬間的な同一性を求めるという性質は、近代における大衆社会の特徴として顕在化した。『アメリカのデモクラシー』（一八四〇年）を書いたトクヴィルは、中間領域における熟議を欠いた社会では、「多数者の専制」が起こりがちであることを強調し、近代デモクラシーの問題点を指摘した。

『大衆の反逆』（一九二九年）を書いたオルテガは、大衆の特徴を次のように述べている。

大衆とは、みずからを、特別な理由によって——よいとも悪いとも——評価しようとせず、自分が《みんなと同じ》だと感ずることに、いっこうに苦痛を覚えず、他人と自分が同一であると感じてかえっていい気持になる、そのような人々全部である。

（オルテガ『大衆の反逆』寺田和夫訳、中公クラシックス、二〇〇二年）

経験知に基づく独自の判断よりも同調的な付和雷同に傾斜し、断片的熱狂に身をゆだねる人々を、オルテガは「大衆」と名付け、忌避した。もちろんこの「大衆」は、学歴や階級の低さに規定された存在ではない。オルテガにとって、総合性を欠いた近視眼的・単眼的な「専門人」こそ、「大衆」の典型にほかならなかった。

そして保守思想家は、この移ろいやすい「大衆」と良識に依拠した「庶民」を明確に区別して論じてきた。健全なデモクラシーは「庶民」の伝統的英知・社会的集合知によって支えられるべきものと捉え、「理性の過剰」よりも「平凡であること」の重要性を説いてきた。

チェスタトンは『正統とは何か』（一九〇八年）の中で、「民主主義の信条とは、もっとも重要な物事は是非とも平凡人自身に任せろということにつきる」（福田恆存・安西徹雄訳、春秋社、一九七三年）と論じている。彼にとっては、「平凡であること」こそが「非凡」そのものだった。なぜならば「平凡」は「正気」によって形成され、「正気であることは、狂気であることよりもはるかにドラマチックなもの」だからである。「正統とは正気」であり、「正統は、いわば荒れ狂って疾走する馬を御す人の平衡だった」。そして、この平凡な正気に基づく平衡感覚こそが、デモクラシーを支える重要な庶民の要素と捉えられていた。

ごく簡単に、私の言う民主主義の原則とは何かを説明しておこう。それは二つの命題に要約できる。第一はこういうことだ。つまり、あらゆる人間に共通な物事は、ある特定の人間にしか関係のない物事よりも重要だということである。平凡なことは非凡なことよりも価値がある。いや、平凡なことのほうが非凡なことよりもよほど非凡なのである。人間そのもののほうが個々の人間よりはるかにわれわれの畏怖を引き起こす。（同書）

私には長生きした曾祖母がいた。十数年前に亡くなったが、百歳近くまで天寿を全うし、浄土に旅立った。

私が子供の頃、曾祖母が衆議院選挙の投票から帰って来たことがあった。私が何気なく「誰に投票して来たのか」を尋ねると、彼女は一言、こう答えた。

――「男前」

私はその時、「男前」という言葉が「目鼻立ちの整った人」という意味ではなく、「いい顔をしている人」という意味だと直感的に理解した。曾祖母は学歴の高い人ではなかったが、常識や道徳については毅然とした意志を持っている人だった。

彼女にとってのデモクラシーとは、「男前」を選ぶという人間判断にほかならなかった。彼女は、良識的な人生の経験知に基づいて「任せるに足る人物」を選択し、その行為によって国民の義務を果たす一庶民だった。

チェスタトンは言う。「おとぎの国とは、陽光に輝く常識の国にほかならない」（同書）

死者のデモクラシー

デモクラシーを支える庶民の常識は、当然のことながら歴史的に構成されてきた集合的存在である。そのため、デモクラシーは伝統によって支えられてこそ、健全に機能する。

チェスタトンは、伝統と民主主義の関係を次のように説いている。

若いころから私には一度も理解できないことが一つある。民主主義は、どういうわけか伝統と対立すると人は言う。どこからこんな考えが出てきたのか、それが私にはどうしても理解できぬのだ。伝統とは、民主主義を時間の軸にそって昔に押し広げたものにほかならぬではないか。（中略）何か孤立した記録、偶然に選ばれた記録を信用するのではなく、過去の平凡な人間共通の輿論を信用する――それが伝統のはずである。（同書）

チェスタトンにとって、民主主義は伝統と一体の存在と捉えられてきた。なぜならば平凡な人間の常識に基づく「輿論」は、過去の人間によって積み重ねられてきた歴史的存在だからだ。ここでは「輿論」(パブリック・オピニオン)と「世論」(ポピュラー・センチメント)が区別されていることが重要である。彼は続ける。

伝統とは選挙権の時間的拡大と定義してよろしいのである。伝統とは、あらゆる階級のうちもっとも陽の目を見ぬ階級、われらが祖先に投票権を与えることを意味するのである。死者の民主主義なのだ。単にたまたま生きて動いているというだけで、今の人間が投票権を独占するなどということは、生者の傲慢な寡頭政治以外の何物でもない。(中略)民主主義と伝統——この二つの観念は、少なくとも私には切っても切れぬものに見える。二つが同じ一つの観念であることは、私には自明のことと思えるのだ。われわれは死者を会議に招かねばならない。古代のギリシア人は石で投票したというが、死者には墓石で投票して貰わなければならない。(同書)

デモクラシーは、死者との協同作業である。「この国のかたち」は、今の時代を生きる人間が特権的に占有しているものではない。あらゆる国家は、過去によって支えられている。そして、死者は私たちの精神や常識の中に、密かに生き続けている。

アランは『幸福論』（一九二五年）の中で言う。

死者たちは死んではいない。このことは、われわれが生きていることから、じゅうぶん明らかである。死者は考え、語り、そして行動する。かれらは助言することも、意欲することも、同意することも、非難することもできる。これは本当だ。しかし、それには、耳を傾けることが必要である。すべてはわれわれの内部にあるのだ。われわれの内部に生きているのだ。

（アラン『幸福論』宗左近訳、社会思想社、一九六五年）

デモクラシーの重要なポイントは、死者の声に耳を傾けることである。私たちは伝統によって死者とつながり、常識によって死者と対話し続けている。独断的サプライズ政治を進める政治家の声よりも、まずは自己の内にこだまする過去の声を受けとめることからデモクラシーを立て直すべきではないだろうか。「死者のデモクラシー」こそが、真の民主政を健全に機能させる。

■『表現者』ジョルダン（現MXエンターテインメント）・四七号・二〇一三年三月一日

死者の立憲主義

成文憲法のないイギリス

最近、憲法改正の議論が盛んになってきた。重要なことなので、九条や九十六条の問題だけに限定せず、具体的かつ総合的な議論を展開すべきだと思うが、その時に大切なのは、そもそも憲法とはいかなる存在なのかを考え直してみることではないかと思う。

保守思想の本場ともいえるイギリスには、成文憲法がない。いわゆる「不文憲法」というもので、日本国憲法のような条文を列挙したものは存在しない。しかし、イギリスに憲法がないかというと、そういうわけではない。イギリスの憲法は、王位継承法や議会法のような憲法の内容にあたる成文法（制定法）や判例の蓄積、そして憲法習律といわれる慣習の総合体として存在している。

憲法の一部に該当する成文法には、一二一五年の「マグナ・カルタ」や一六八九年の「権利の章典」のようなものも含まれる。それに判例や慣習・良識を加えたものが「憲法」とされる。いかにイギリスが過去の国民の総合的・集合的経験知を重視しているかがわかる。

イギリスが敢えて成文憲法を制定しない理由には、「ある一時を生きているに過ぎない人間が、国家のコンスティチューションを的確かつ過不足なく明文化することは不可能である」というテーゼが含まれているように思う。いかなる人間も能力には限界があり、どれほど優れた頭脳でも、すべてをパーフェクトに把握・表現することはできない。しかも、国家は長いスパンの継続的存在であって、断片的時間に限定されているわけではない。

過去から現在、未来に向けて、社会は刻々と変化し、以前には考えられなかったような状況や環境が生み出される。そのため、特定の時代・時間に制約され、能力的限界に規定された人間が、超時間的な憲法＝コンスティチューションを制定するのは難しいという認識が、イギリスでは共有されている。これは謙虚でかつ積極的な「諦念」ということができるだろう。

イギリス憲法は、過去の経験の蓄積によって構成されているとみなされる。それは、特定の人間の「裸の理性」によって設計されるのではなく、理性を超えた存在によって形作られると考えられるからだ。法源を理性に還元せず、憲法を集合的で歴史的な存在と考える英知が継承されている。

憲法学者のブラッドレイは言う。「イギリス憲法を十全に理解するためには、歴史意識を欠くことはできない」

憲法の漸進性

イギリス憲法は連続的でかつ重層的な存在であると言える。憲法は、常に過去によって支えられている。私たちは、憲法を通じて過去を引き受け、それに肉付けしつつ、未来の世代へとバトンタッチしていく。私たちは、過去に縛られることを通じて、未来に開かれる。

憲法を読み解くことは、「過去との対話」を意味する。先人たちの格闘と経験によって紡がれてきた教訓を受け止め、その蓄積を現在の国家運営に生かすことが、憲法の運用である。私たちは、憲法を通じて過去の経験を共有し、その痛みと苦闘の上に現在の具体的諸権利が存在していることを認識する。

つまり、憲法とは死者の声なのだ。重要なのは、その声に私たちが耳を澄まし、私たちの声と融合して、新たなハーモニーを生み出すことである。憲法は静止的なものではなく、また固定的なものでもない。過去と現在の対話を基礎としながら、時代の変化に応じて変わっていくものである。歴史は止まらない。

イギリスの成文法であるマグナ・カルタは、八百年も前のものである。制定された時代環境があまりにも現在とは異なるため、そのままのかたちでは近代社会に適用できず、途中で時代に応じた再解釈がなされてきた。古めかしい法律は、「イギリス人の自由の守護神」と読み替えられ、変化を伴う連続性が担保されていた。十七世紀には、世界に先駆けて近代的政治を確立し、憲法の中身を政治体制の中に定着させていた。そのため、イギリスは成文憲法がないにもかかわらず、「憲法の祖国」と評価されるようになった。

イギリスでは、何度も成文憲法を制定すべきだという議論が巻き起こってきたが、大きな力にはならなかった。イギリスは歴史的な連続性を重視し、中世からゆっくりと変化しながら、コンスティチューションを引き継いできた。

一方、フランス革命以降、大陸各地で成文憲法が誕生する。国家のコンスティチューションは明文化され、事項が列記された。近代的な国家体制を整えようとする国々は、先行する他国を参照しながら、そのスタイルを踏襲しつつ、自国の歴史的経験知や慣習とすり合わせながら成文憲法を作り上げてきた。

当然、明文化された憲法であるため、特定の時代状況に制約された文言は、徐々に新しい時代との齟齬を生み出していく。イギリスでは解釈を変えることで、時代に対応してきたが、成文憲法ではそうはいかない。どうしても憲法改正という問題が生まれてくることになる。

ただし、この憲法の改変は、常に漸進的なものでなければならない。一気に変えてしまうことには、過去の軽視と理性の過信が含まれている。根本的な改変は、歴史の連続性の否定につながる。

また、一切の改定を拒むことも、時間の流れをせき止めてしまうことになる。保守は反動という立場をとることができない。反動とは変化を拒む態度を意味するが、保守が嫌うのは急進的な変化であって、漸進的な変化には柔軟に対応しなければならない。なぜならば、現在を完全なものとして容認することができないからである。

人間が不完全な存在である以上、人間が構成する社会も不完全な存在である。しかも、人間の不完全性は普遍的なもので、時間を超えた属性である。そのため、人間は過去にも現在にも未来にも、完全な理想社会を生きることはできない。残念ながら、人間社会が完成することはない。

だから、人間は特定の時間を絶対化することはできない。過去を絶対化する「復古」も、現在を絶対化する「反動」も、未来を絶対化する「進歩」も、すべて容認することはできない。あくまでも時代の変化に対応しながら、伝統を守るための漸進的改革を進めるよりほかはなく、人間が理想化されたクライマックスに到達することは絶対にない。保守は、常に「保守するための改革」を継続するしかない。

私たちは、死者の声に耳を澄ませつつ、社会の変化に対応しながら、憲法を漸進的に変えていかなければならない。絶対的護憲という立場は、反動主義にほかならない。保守派は保守思想を重視する以上、憲法を時代に即して変容させていく努力を怠ってはいけない。私たちは憲法を紐解き、グラジュアルな微調整を施すことを通じて、過去との地平の融合を生きる。

死者の立憲主義

現在の世界各地の憲法は、立憲主義によって支えられている。立憲主義とは、国民が統治権力を持つ者を憲法によって縛るというものである。一般の法律は、国家が国民に対して課す制約だが、憲法はベクトルが逆で、国民が国家を制約する存在である。

イギリス憲法では、明文化されない「憲法習律」が重要だが、これは「権力を行使する人々を拘束する慣習」とされる。イギリスでは、立憲政治の確立は徐々に年月をかけて成し遂げられたため、習慣の蓄積が権力者の守るべきルールとして認識されてきた。

成文憲法を有する国では、「憲法習律」などを明文化し、ネイション（国民）がステイト（国家）を制限しようとしてきた。死者が集合的に構築してきた常識の体系によって、一時の権力者が暴走しないように歯止めをかけるものが憲法なのである。

ここでは国民が政府を縛るのだが、その国民は現在の国民に限定されない。当然、そこには過去の国民が含まれる。コンスティチューション（＝国家の構造）としての憲法は、この国の死者と生者が時間を超えてつながる言葉の体系でなければならない。

——死者の声と経験に謙虚に耳を澄まし、過去と現在の地平を融合させた結果として表現された国のかたち。

それが憲法の本質である。

繰り返しになるが、あらゆる人間は不完全な存在であり、その人間によって構成される政府も不完全な存在である。憲法は、政府や民主制の暴走に対する過去の歴史的経験知による歯止めにほかならない。

憲法改正とは、単なる文言のテクニカルな変更ではない。それは自国の死者たちとの交流を意味する。先人たちが積み重ねてきた歴史を謙虚に受け止め、そのつながりを実感しつつ、未来への橋渡しをしていくプロセスが憲法改正である。

何を変え、何を変えるべきでないか——。

その判断の基準を歴史感覚によって摑み取ることが、われわれに要求されている。

■『表現者』ジョルダン（現MXエンターテインメント）・四九号・二〇一三年七月一日

大衆化への抗い

オルテガによるリベラルの擁護

世界恐慌が起こった一九二九年、オルテガは『大衆の反逆』を書いた。彼は現代人がトポスを失い、群衆化する様子を痛烈に批判した。
オルテガは、大衆化の典型を同時代の共産主義とファシズムの中に見いだした。両者は極めて相似的な現象であり、コインの裏表の関係と捉えられた。
彼は言う。

その両者――ボリシェヴィズムとファシズム――は、二つの偽りの夜明けである。明日の朝をもたらすのではなく、何度も経験された昔日の朝をもたらすのである。それらは、原始主義なのである。過去のすべてを消化する方向をとらずに、その一部分と格闘をはじめるような単純さに陥る運動はすべて、同様であろう。

（オルテガ『大衆の反逆』寺田和夫訳、中公クラシックス、二〇〇二年）

オルテガは、共産主義とファシズムに歴史の軽視を見いだした。彼にとって、文明とは「背後にたくさんの過去を、たくさんの経験をもつこと」であり、それは「歴史を知ること」にほかならなかった。

歴史は、過去の素朴な過ちを明示してくれる。我々は歴史という名の経験知によって、慎重に誤謬を避け、失敗の繰り返しから逃れることができる。「歴史上の知識」こそが、世界の安定を支え、平穏な日常を維持している。

ここで言う「歴史」とは、「科学としての歴史学」とは異なる。専門家が担う歴史学は、視野狭小の単眼的な学問であり、「歴史的文化」とは異なる。オルテガが重視したのは歴史感覚であり、その総体によって現代を捉える視線だった。

彼は、現代を捉えるためには、広大な過去から眺める必要があると言う。

もしあなたが自分の時代をよく見たければ、遠くからごらんになることだ。どのくらいの距離から見るか。きわめて簡単なことだ。クレオパトラの鼻が見えなくなるだけの距離から見ればよい。
（同書）

オルテガは、十九世紀社会の中に（つまり近代社会の確立と拡大の中に）、歴史文化の放棄という「誤謬」を見いだす。特に十九世紀の終わりの三分の一は、「退化というか、野蛮状態への後退、すなわち過去をもたない、あるいは過去を忘れた人間の無邪気さと原始性への後退がはじまった」（同書）と言う。そして、この後退の「明白な事例」こそが、二十世紀における共産主義とファシズムだと指摘する。

近代主義者は歴史意識を足蹴にし、人間の理性による設計と統御を過信した。そして、先進性を誇りながら、歴史を喪失した原初性への退化を突き進んだ。ロシア革命は、以前の革命と同一の欠陥・誤謬を繰り返している点で、反歴史的な行為だった。

それはまさに、以前の革命の単調な反復であり、過去の革命の完全な焼き直しである。人間の長年の経験によって革命についていわれたさまざまな決まり文句のなかで、このロシア革命にあてはまらないものは残念ながら一つもない、という程度にひどいのである。

（同書）

オルテガは、歴史的所産である自由主義を擁護した。もちろん現実社会で運用される自由主義には、多くの問題が内在する。しかし、その問題は、自由主義の本質を再帰的に獲得することによって乗り越えることができると主張する。

では自由主義の本質とは、いかなる点にあるのだろうか。彼は、「共同生活への意志」と「異なる他者への寛容」であると言う。

文明はなによりもまず、共同生活への意志である。他人を考慮に入れなければ入れないほど、非文明的で野蛮である。野蛮とは、分解への傾向である。だからこそ、あらゆる野蛮な時代は、人間が分散する時代であり、たがいに分離し敵意をもつ小集団がはびこる時代である。（同書）

彼は、リベラル・マインドの重要性を繰り返し強調した。リベラルであることは、多数派が少数派を認め、その声に注意深く耳を傾けることにほかならない。

彼は「弱い敵と共存する決意」の中に、リベラリズムの本質を見いだす。そして、この意志こそが、歴史を背負った人間の美しさだと主張する。リベラルは貴族的精神の美徳だった。

オルテガにとって、リベラルであることは高貴であることと同義だった。彼は自由主義こそが「地球上にこだましたもっとも高貴な叫びである」と言い、だからこそ「この地上で確立するには、これはあまりに困難で複雑な制度である」と主張した。

そして、この困難さと複雑さに耐えられないのが、現代に登場した「大衆」だった。

敵とともに生きる！　反対者とともに統治する！　こんな気持のやさしさは、もう理解しがたくなりはじめていないだろうか。反対者の存在する国がしだいに減りつつあるという事実ほど、今日の横顔をはっきりと示しているものはない。ほとんどすべての国で、一つの同質の大衆が公権を牛耳り、反対党を押しつぶし、絶滅させている。大衆は——団結した多数のこの人間たちを見たとき、とてもそんなふうには見えないが——大衆でないものとの共存を望まない。大衆でないすべてのものを死ぬほど嫌っている。（同書）

リベラルの最大の敵は大衆だった。そして、その大衆の王国こそが、共産主義とファシズムの国家だった。オルテガは決然と全体主義を拒絶し、歴史的で自律的なリベラルを擁護した。

大衆とは《平均人》である

オルテガは「大衆とは《平均人》である」と言う。そして、その平均人が主人公になった時代こそが、現代だと主張した。

大衆は「みんなと同じ」だと感じることに、苦痛を覚えないどころか、それを快楽として生きている。そして、時代の波に押し流され、「宙ぶらりんの虚構」に生きる。彼らはトポスという足場を失い、浮遊し続ける。

オルテガが「大衆」と見なしたのは、非エリートではなかった。彼は単一的な事象にしか関心を持たないエリート専門家こそ、総合的教養を喪失した「大衆」にほかならなかった。

この専門家という存在は、「歴史上、例のない新しいタイプの科学者」だった。

この人々は、思慮のある人間になるために知っていなければならぬことのうちで、特定の科学だけしか知らず、その科学のなかでも、自分が活発に研究している一握りの問題だけをよく知っているのである。（同書）

このような大衆は、特別な資質を持つ少数者のトポスを破壊し、場所を次々に占拠していった。群衆化した人々は、自己のトポスを放棄し、根無し草になった「浮遊人」として世の中を席巻していった。オルテガが見通していたのは、真の自由は宿命性と共にあるということだった。そして、自らに課せられた制約を引き受け、その中で存分に能力を発揮することこそ、自由の本質に接近することだった。

しかし、大衆は他者のトポスを奪い、「卓越した人々にとって代わろう」とする。結果、「みんなと違う人、みんなと同じように考えない人は、排除される危険にさらされ」、差異や秀抜さは同質化の波に飲み込まれていく。床山政談には法の力が与えられ、政治は群衆の論理によって支配される。オルテガは、このような政治状況を「超民主主義の勝利」と皮肉を込めて批判し、「野蛮人の垂直的侵入」と揶揄した。

死者は死んだ

オルテガが半ばあきれつつ憤慨したのは、大衆が共有する「すべての過去よりも現在が優れているというぬぼれ」だった。現代は「過ぎしむかしはすべていまにまされり」という精神を失い、過去を足蹴にする。

歴史を切断し、今を抱きしめる「大衆」は、最終的に不安に苛《さいな》まれることになる。

万物を支配しているが、自己の支配者ではない。自分の豊富さのなかで、途方に暮れている。結局、現代の世界は、かつてないほどの資産、知識、技術をもっているのに、かつてなかったほど不幸な時代である。つまり、現代の世界は、ただただ浮かび漂って

いるのだ。（同書）

人々は孤独に耐えられなくなり、更なる群衆化によって不安を紛らわそうとする。しかし、その不安は絶えず熱狂的破壊へとつながり、さらなる不安が増幅する。

問題の根本は、歴史とのつながりを断絶したことにある。現代は我々に寄り添う死者を殺したのだ。

われわれ現代の人間は、突然、地上にただひとり残されたと、つまり死者たちは死んだふりをしているのではなく、完全に死んでいるのだ、もうわれわれを助けてはくれない、と感ずる。（中略）すぐ隣に生きている死者もなく、ヨーロッパ人は孤独である。（同書）

リベラル・マインドを取り戻すためには、「生きている死者」の復活が必要である。そのためには群衆の列からそっと抜け出し、トポスを回復する必要がある。

大衆化への抗いは、死者と共に生きることから始まる。

■『表現者』ジョルダン（現ＭＸエンターテインメント）・五〇号・二〇一三年九月一日

歴史ということ

小林秀雄は一九四二年に「無常という事」というエッセイを書いている。彼はここで歴史について重要な指摘をしている。

「思う」こと

歴史には死人だけしか現れて来ない。従って退っ引《の》《ぴ》きならぬ人間の相しか現れぬし、動じない美しい形しか現れぬ。思い出となれば、みんな美しく見えると言うが、その意味をみんなが間違えている。僕等が過去を飾り勝ちなのではない。過去の方で僕等に余計な思いをさせないだけなのである。思い出が、僕等を一種の動物である事から救うのだ。記憶するだけではいけないのだろう。思い出さなくてはいけないのだろう。多くの歴史家が、一種の動物に止まるのは、頭を記憶で一杯にしているので、心を虚しくして思い出す事が出来ないからではあるまいか。

（小林秀雄『モオツァルト・無常という事』新潮文庫、一九六一年）

小林はここで「思い出」と「記憶」を明確に区別している。そして、「思い出」こそが、人間を「動物である事から救う」と述べている。

小林にとって「思い出す」ことは、自己の中にある「記憶」を手繰ることではない。むしろ「思い出す」ためには、余計な「記憶」に執着せず、「心を虚しく」する必要がある。「思い出す」ということは、自意識を解体し、死者を「想起」することである。

小林は、晩年の作品『本居宣長』でも次のように言う。

> 思い出すという心法のないところに歴史はない。それは、思い出すという心法が作り上げる像、想像裡に描き出す絵である。各人によって、思い出す上手下手はあるだろう。しかし、気儘勝手に思い出す事は、誰にも出来はしない。
>
> （小林秀雄『本居宣長』上、新潮文庫、一九九二年）

小林は、「思い出すという心法」がなければ「歴史」は存在しないと断言する。しかし、ここでも「思い出す」ことは、「記憶」に遡行することではない。「思い出す」ことは「想像」することであり、「歴史」とは「想像裡に描き出す絵」であると言う。しかも、「思い出す」ことは「気儘勝手」な行為ではない。「想像」は理知的に統御可能な存在ではなく、常に自己を超えた「ままならないもの」である。

小林にとって「思う」という行為は、自己の所有物ではない。「思い」は常に理性によって支配されるのではなく、過去や彼方からやって来て「宿る」ものである。私は「思い」にとっての器にすぎない。

「記憶」は、自分の中に何かを求めることである。自分の所有する知識の中に、歴史を見いだそうとする行為が「記憶」を手繰ることである。しかし、これでは「歴史」に触れることはできない。

「思い出すという心法」は、自己を超えたところからやって来るものと交わることである。「歴史」は過去からやってくる死者と交わることで、現れる存在である。私たちは、「歴史」に接触するためには、心を虚しくして「思う」必要がある。

では、「歴史」の主体である死者は、何によって運ばれてくるのだろうか。それは「言葉」である。言葉は死者の乗り物である。言葉は常に過去からやってくる。

インドのヒンディー語には、与格構文というものがある。たとえば、「私はあなたを愛している」は、与格構文で「私にあなたへの愛がやって来てとどまっている」という言い方をする。これと同様に、「私はヒンディー語ができる」は、「私にヒンディー語がやってきて留まっている」という言い方になる。

ヒンディー語の言語構造では、「私」は器のような存在であり、「言葉」は私に宿るものである。そして、「言葉」は常に過去や彼方からやって来るものである。私が言葉を所有することなどできない。私は言葉に所有されている。つまり、私は歴史に所有されているのである。

小林は言う。

私達は、しようと思えば「海」を埋めて「山」とする事は出来ようが、「海」という一片の言葉すら、思い出して「山」と言う事は出来ないのだ。それで徂徠には充分だっただろう。彼には、歴史に至る通路としての歴史資料という考えはなかったであろうし、「文章」が歴史の権化《ごんげ》と見えて来るまで、これを詠めるだけが必要だったのである。（同書）

小林にとって、歴史に触れることは「文章」を「詠む」ことだった。徹底的に言葉を「詠む」ことによってこそ地平の融合が起こり、歴史が現前するのである。

歴史を疎外する歴史観

小林は、本居宣長の古典研究のあり方の中に、歴史の現前を見た。

宣長の古典研究の眼目は、古歌古書を「我物」にする事、その為の「見やう、心の用ひやう」にあった。「玉かつま」で、彼は、「考へ」とは「むかへ」の意だと言っている。彼が使う「考へる」という言葉の意の極まるところ、対象は、おのずから「我物」となる筈なのだ。契沖の「説ノ趣ニ本ヅキテ、考ヘミル時ハ」とは、古歌との、他人他物を混えぬ、直かな交わりという、我が身の全的な経験が言いたいのだし、「歌ノ本意アキラカニシテ、意味ノフカキ処マデ、心ニ徹底スル也」とは、この経験の深化は、相手との共感に至る事が言いたいのである。（同書）

小林は、「考えること」を「むかえること」だと言う。古歌を自己の中に迎え、言葉と直に交わることで、古代の心と共振することができると言う。この時、古歌ははじめて「我物」となる。「他のうへにて思ふ」ことから「みづからの事にて思ふ」ことへと深まる。

地平はここに融合する。歴史が私という器に宿り、死者との交流が始まる。伝統は、この場所に表れる〈精神のかたち〉である。

しかし、この歴史を常に疎外する存在が出現する。それが恣意的な「解釈」である。

宣長の言うところを、そのまま受取れば、古歌や古書には、その「本来の面目」がある、と言われて、はっと目がさめた、そういう事であり、私達に、或る種の直覚を要求している言葉のように思われる。「万葉」の古言は、当時の人々の古意と離すことは出来ず、「源氏」の雅言《がげん》は、これを書いた人の雅意をそのまま現す、それが納得出来る為には、先ず古歌や古書の在ったがままの姿を、直《じ》かに見なければならぬ。直かに対象に接する道を阻んでいるのは、何を措《お》いても、古典に関する後世の註であり、解釈である。「註ニヨリテ、ソノ歌アラレヌ事ニ聞ユルモノ也」（「あしわけをぶね」）、歌の義を明らめんとする註の努力が、却って歌の義を隠した。解釈に解釈を重ねているうちに、人々の耳には、歌の方でも、もはや「アラレヌ」調べしか伝えなくなった。従って、誰もこれに気が附かない。（同書）

これは何も古典や古歌に限ったことではない。歴史は常に「解釈」によって疎外される。そして、多くの「解釈」は自己のポジションを正当化するための手段である。

ここに主体のベクトルが反転する。「歴史」の迎える「器」であったはずの「私」は、「歴史」を道具として利用する主体となり、歴史を所有しようとする。ここに繰り返し現れるのが様々な「歴史観」である。歴史観は、死者を殺す。死者は操作可能な客体へと追いやられ、我が物顔の生者が歴史観によって歴史を支配する。

オルテガが指摘したように、死者を殺したのは「浮遊人」となった近代の「大衆」である。彼らは過去よりも現在がすぐれていることを前提とし、孤独な自意識を肥大化させる。大衆は、死者と交わらない。彼らは「心を虚しくして思い出す」ことができない。彼らは歴史観を振り回し、歴史を所有したという錯覚に溺れる。

小林は言う。

現代人には、鎌倉時代の何処かのなま女房ほどにも、無常という事がわかっていない。常なるものを見失ったからである。

（小林秀雄『モオツァルト・無常という事』）

現代人は、「死者」を見失い、「歴史」を見失っている。「常なるもの」を失った者は「無常という事」を理解できず、「心を虚しくすること」ができない。そのため、歴史は現前せず、地平は融合しない。語られる歴史は、そのほとんどが「歴史観」であり、その語りが昂揚すればするほど、我々は歴史を喪失していく。

大衆化した社会に生きる現代人は、歴史から切り離された浮遊人として、「今」を彷徨《さまよ》い続ける。

■『表現者』ジョルダン（現MXエンターテインメント）・五一号・二〇一三年十一月一日

死のトポス

「死ぬことの恐怖」と「死の恐怖」は異なる

人間が人間であることの本質に、「死の認識」という問題がある。人間は他の動物と異なり、死という抽象概念を手に入れた存在である。この世の万物は、姿かたちを伴う以上、いずれ消滅する。あらゆる存在は、有限性を超克することができない。

この有限という概念を手にした瞬間、我々は「無限」という概念を手にする。無限という対概念が成立しなければ、有限という観念は成立しない。

人間は死という有限性の認識を獲得した瞬間、無限という超越性を想起する。ここに「絶対者」や「唯一の真理」が誕生する。人間は、本質的に宗教的であることを宿命付けられた動物である。死の認識は、神の認識を惹起《じゃっき》すると共に、恐怖心を誘発する。人は自己の死を想う時、底なしの恐怖に襲われる。なぜなら、私という主体が根本的に消滅する危機に立たされるからである。

評論家の呉智英は、『つぎはぎ仏教入門』という本の中で次のように言う。

人間にとって、死は負の無限である。絶対的な虚無である。人間にとって死の恐怖は、自分が負の無限に呑み込まれること、絶対的な虚無の中を漂うことである。動物には、こういう死の恐怖はない。「死ぬ」ことの恐怖はある。しかし「死」の恐怖はない。動物にとって、死は、飢えや痛みなどの具体的な苦しみの延長線上にしかない。人間にとって、死の恐怖は、それらの苦しみとは次元の違うものとしてある。

（呉智英『つぎはぎ仏教入門』筑摩書房、二〇一一年）

呉が的確に指摘するように、「死ぬことの恐怖」と「死の恐怖」は異なる。「死ぬことの恐怖」は苦痛を忌避する意識だが、「死の恐怖」は「絶対的な虚無」を伴うものである。

「武士道と云ふは死ぬ事と見つけたり」

一方で、この「死の恐怖」は「生の安堵」と直結する。私たちは「死なない生」を生きることができるだろうか。永遠の命を手に入れた人間は、本当に永遠に生き続けることができるだろうか。

おそらく不可能である。人間は「死なない生」を手に入れると、途端に正気を失うだろう。

無限に生き続ける命に、我々は生きがいを見いだすことなどできない。終わらないことは、終わることよりも恐怖である。私たちは、終わらない命に耐えることなどできない。

チェスタトンは『正統とは何か』（一九〇八年）の中で「絵の本質は額縁にある」と言った。人間は自己をめぐる枠組みを発見することで、価値を生み出す。枠組みの存在しないところに、価値は存在しない。私たちは、時に枠組みを取り払うことが「自由の獲得」だと勘違する。しかし、人間は枠組みによって限定されることで生の意味を獲得し、自由を手に入れる。自由とは、自分であることの理由を手に入れることである。自己を規定する存在から自己を解放することは、真の自由を意味しない。

チェスタトンは言う。

お望みとあらば、虎を檻から解放するのは自由であろう。しかし虎をその縞から解放するのは自由ではない。

（チェスタトン『正統とは何か』安西徹雄訳、春秋社、二〇〇九年）

人間は宿命に規定され、死に縁どられているからこそ、意味ある生を送ることができる。人間は死ぬからこそ生きられる存在である。「死の恐怖」よりも「死なないことの恐怖」の方が大きいのだ。

私たちは、死に向けて生きている。生は死によって完結する。

こうして考えると、私たちはひとつの逆説にぶつかることになる。それは「いかに生きるか」という生の本質は、「いかに死ぬか」という「死のあり方」へと帰結するということである。福田恆存は『人間・この劇的なるもの』（一九五六年）の中で、次のように言う。

私たちは、死に出あうことによってのみ、私たちの生を完結しうる。逆にいえば、私たちは生を完結するために、また、それが完結しうるように死ななければならない。ふたたび、それが、劇というものなのだ。それが、人間の生き方というものだ。

（福田恆存『人間・この劇的なるもの』新潮文庫、一九六〇年）

今から約三百年前、山本常朝《じょうちょう》は『葉隠』（一七一六年）の中で「武士道と云ふは死ぬことと見つけたり」と言い、一方で「我人、生くる事が好きなり」と言った。この両者は矛盾しているように見えて、まったく矛盾していない。「生くる事」の価値は「死ぬこと」に集約される。演劇的動物である人間は、死によって物語を完結しなければならない。死のあり方によって、生は規定される。逆に言えば、よく死ぬためには、よく生きなければならず、生が完結しうるように死ぬためには、完結に向けた物語を生きなければならない。

福田は同書の中で、次のようにも言う。

たとえば、私たちは、こういうことを経験しなかったか。愛している親兄弟でさえ、かれらが死んだ瞬間、悲しみや苦しみと同時に、一種の快感に似たものを感じて、うしろめたい気持に襲われたことがないだろうか。ことに長い看病のあとでは、誰しもそれを感じて、一息つくであろう。それは、愛するものの死によって、自分のなかの一部が死に、自分の生活に一つの終止符が打たれたからである。（同書）

人は、身近な人間との演劇が見事に完結した瞬間、悲しみと同時に「快感」を獲得する。ひとりの堂々たる人生に参与し、そこで自らの役割を演じきった時、私たちは喪失感以上の安堵を得る。人間は、相互に役を演じ合い、物語の幕が閉じる時、喝采に包まれる。

死によって獲得する全体性

福田は死の瞬間にこだわる。彼は、人間のエンディングの時こそ、全体性が現前する瞬間だと言う。

そのために死ぬに値するものとは、たんなる観念やイデオロギーではない。個人が、人間が、全体に参与しえたと実感する経験そのものである。そして、それは死の瞬間においてしか現れない。(同書)

人間のうちには生への欲求と同様に死への欲求がある。いや、私たちは生きようとする同じ慾求のうちに死のうとしているのだ。この二つの慾望は別のものではない。死は生を癒すものであるばかりでなく、それを推進させるものなのだ。終止符が打たれなければ、全体は存在しないし、全体を眼のまえに、はっきりと見ることができない。(同書)

人間は、全体の中の部分として、役割を演じながら生きている。個人は与えられた場所で与えられた役割を果たし、その相互連関と集合が有機的全体を構成する。個別の存在は、その命の終焉の時に、「自分を棄てて生きのびる全体の勝利を見よう」とする。この歓喜の瞬間こそが、全体性と共に自己が真の意味において現前する時である。

日常生活において、全体との調和を感得するのは、困難なことである。しかし、私たちは死に向けて生きることで物語を獲得し、生のトポスを手に入れる。生のトポスは死のトポスによって再帰的に獲得されるものである。完結した死によってこそ、人生は輪郭を得ることができ、全体の中に位置付けられる。死によって枠組みを与えられた人生は、トポスを入手し、意味の中に生きる。人生は、死によってこそ生を獲得する。

> 生の終りに死を位置づけえぬいかなる思想も、人間に幸福をもたらしえぬであろう。死において生の完結を考えぬ思想は、所詮、浅薄な個人主義に終るのだ。　（同書）

生は生のみで存在するものではない。死を忌避し、死を遠ざけようとする生こそ、生から逃避している。

死に負のレッテルを貼り付ける現代において、私たちは死のあり方を再定義し直し、生のトポスを取り戻す必要がある。死を生きることができなければ人生は完結せず、死しても生が浮遊し続ける。私たちは、死にしっかりとした場所を与えなければならない。

■『表現者』ジョルダン（現MXエンターテインメント）・五四号・二〇一四年五月一日

絶対他力と職人の美

人間の不完全性

保守思想は、特定の人間が机上で作ったプランニングよりも、多くの庶民が歴史的に継承してきた社会的経験知を重視する。いくら優秀な人間でも、完全性を備えた人間は存在しない。人間は誤謬から自由になることはできず、知的にも倫理的にも完成することはない。

一方で、社会が流動化し、アトム的個人の群れとなった大衆にも信頼を置くことができない。大衆はトポスを喪失した存在である。有機的関係性の中に位置付けられず、気分的な熱狂を繰り返す。保守が真っ当な人間と見なすのは「トポス的人間としての庶民」であり、家族や共同体の中で自らの「役割」を着実に果たして生きる存在である。彼らは「裸の理性」に依拠するのではなく、歴史の風雪に耐えてきた伝統・慣習・良識を頼りとしながら、永遠の微調整を続けていく。彼らは極端で真新しいイデオロギーに懐疑的なまなざしを向けつつ、意図しない無数の暗黙知を重視する。

このような庶民の英知に注目した思想家に、柳宗悦がいる。柳は市井の「妙好人《みょうこうにん》」の存在に注目し、そこに「平凡の非凡」を見いだす。「妙好人」とは、一般に浄土真宗の篤信者のことを言う。彼らは日常を謙虚に生き、周りから尊敬を集める存在である。

浄土真宗の開祖である親鸞は、人間の不完全性を注視した思想家だった。彼は人間が「悪」や「罪」から逃れることのできない存在であると言及する。「罪」にはcrimeとsinの違いがある。前者は刑法上の「犯罪」だが、後者は「存在すること自体の罪」である。人間は慎重に生きることでcrimeを避けることはできるが、sinから自由になることはできない。命を長らえるためには動植物を殺生しなければならず、子孫を残すには性欲を発揚しなければならない。

親鸞は人間のsinを見つめることを通じて、人間の不完全性についての認識を深めていった。柳も「凡ての人間は現世にいる限りは誤謬だらけなのである」と言い、「完全であることは出来ないし、また矛盾から逃れることも出来ない」と述べている（『美の法門』岩波文庫、一九九五年）。

自力の限界

親鸞の主張の核心は、自力への懐疑だった。彼は人間の賢《さか》しらな計らいの限界を深く認識し、超越的な力（＝他力）へ自己を開く重要性を説いた。

浄土真宗において、「南無阿弥陀仏」という名号は重要な意味を持つ。「南無阿弥陀仏」とは「阿弥陀仏に帰依する」ことを意味する。時に信仰の現場では「念仏を唱えれば往生できる」と説かれることがある。死の不安にさいなまれた人間に対して、僧侶は「南無阿弥陀仏」と唱えることで浄土に行くことができると語る。しかし、念仏を唱えることが「浄土に行くという目的」の手段となってしまうと、名号は自力以外の何ものでもなくなってしまう。結局、念仏も計らいのひとつとなってしまい、他力本願の信仰は解体されてしまう。

親鸞が説いたのは、念仏と往生の因果関係や、浄土へ行くための方法論ではない。彼が論じたのは、他力の導きによって内発的な念仏が発せられることの重要性だった。浄土に行きたいという計らいが念仏の動機となるのではなく、超越的な力に促されることで念仏が自ずと湧き出してくることが、親鸞思想の重要なポイントだった。

ここにおいて自力即他力という構造が明示される。自力は他力と対立するのではなく、「他力に促された自力」＝「能産的自然」（スピノザ）として発露される。

柳は次のように言う。

聖道門《しょうどうもん》においては、「煩悩即菩提《ぼんのうそくぼだい》」とか、「生死即涅槃《しょうじそくねはん》」とか教え、これらの言葉に究竟《くっきょう》の理法を托した。その前後に置く対辞は何なりとも、中に差挟まれた「即」の一字に凡ての密意がかかる。「即」に成仏があるのである。「即」を離れては往生はないのである。「即」が往生するのである。浄土門でいう六字の名号も、偏《ひと》えに「即」を凡夫に握らせたいためである。名号が衆生と仏とを不二ならしめ、娑婆《しゃば》を寂光《じゃっこう》に即せしめるのである。だが「即」と「同」とをゆめゆめ同じだと受取ってはならない。どうして人と仏とが同じであり得よう。だが同じであり得ない不幸のままに、人が仏に結ばれる幸を説くのが「即」の教えである。（同書）

「一なる真理」と「多なる存在」の間には絶対的な矛盾が存在する。人間は有限なる存在である以上、絶対者そのものになることはできない。しかし、西田幾多郎が言うように、多と一は絶対矛盾の相互否定によって「自己同一」化がなされる。これが「即」の論理で、「同」の論理とは根本的に異なる。東洋思想では、超越的存在と相対的存在の二元論を土台としながら、「即」の論理で両者が一元化する弁証法（＝不二一元論）が共有される。「世界は多元的であるが故に一つである」というテーゼが東洋の通奏低音であるが故に、岡倉天心は『東洋の理想』の冒頭で「アジアは一つ」と宣言した。

親鸞はあらゆる自力を否定しているのではない。彼が否定しているのは「単独の自力」（バークにとっての「裸の理性」）であって、人間の主体性を全面的に退けている訳ではない。親鸞が重視する主体は「他力に導かれた主体」であり、「伝統」によって下支えされた存在である。

柳は言う。

伝統は一人立ちが出来ない者を助けてくれる。それは大きな安全な船にも等しい。そのお蔭で小さな人間も大きな海原を乗り切ることが出来る。伝統は個人の脆さを救ってくれる。実にこの世の多くの美しいものが、美しくなる力なくして成ったことを想い起こさねばならない。かかる場合、救いは人々自らの資格に依ったのではない。彼ら以上のものが仕事をしているのである。そこに匿れた仏の計らいがあるのである。（同書）

職人が生み出す無為の美

ここで柳が注目するのは「美」の存在である。柳にとって「真の美」とは、人間の意図を超えたところに現れるものであり、他力（＝仏の計らい）によって顕在化するものである。美しく作ろうという人間の計らいは、超越的で崇高な力を阻害し、美を遠ざける。

しかし一方で、意識的に自力を棄て、「無造作」であろうとすることは、その行為自体が計らいそのものであり、「造作」の域を超えていない。

穢濁《えだく》は吾々が造作した罪の跡に過ぎない。臨済《りんざい》は「但《ただ》造作することなかれ」と教えた。美も醜も共に醜に染まる、造作に止まる限りは。だが思い過ごしてはならない。無造作に執するなら、新な造作である。楽茶碗《らくちゃわん》の如き、好個の例といえよう。強いて美しく作ってあるが故に醜さがどうしても残る。造作に滞れば醜さが現れないわけがない。（同書）

柳は、芸術家の作品を高く評価しない。芸術家たちは「造作」や「計らい」に囚われ、美を生み出そうという意図を持って作品を制作するからである。柳にとって、そのような芸術活動は、本質的に美から遠ざかる行為にほかならない。

　では一体、誰が美を生み出すことのできる存在なのだろうか。

それこそ、庶民として静かに生きる「妙好人」だった。彼らは有機的世界の中で、自らに与えられた役割を果たし、トポスに生き続けている。職人たちは日常の生活において使用される実用的なものを作り続けている。その作業の中にあるのは先人から受け継いだ伝統であり、経験によって身についた熟練の技である。そこで意味を持つのは、特定の人間が作った設計図ではなく、静かに受け継がれてきた暗黙知である。

　彼らは、美しいものを作ろうという賢《さか》しらな計らいを持たず、ただ生活に有用なものを作ろうとする。柳はその行為の結晶に「他力の働き」を見いだし、「真の美」を感得する。

庶民は「凡夫」であるが故に「非凡」な存在であり、伝統という「大きな安全な船」に揺られることで実用品を生み出す。柳は職人たちが作った「工芸品」の中に真の美を見いだし、それを「妙好品」として高く評価した。

チェスタトンは、流行に左右される芸術運動よりも、農夫たちの堅実な工芸を重視した。職人たちは技を継承することによって慣習を保護し、社会の連続性を保守する。しかし、都市のエリートたちは彼らを「無知な百姓」と蔑《さげす》み、高みに立とうとする。チェスタトンは逆に「街の住民こそ無知である」と述べ、「農夫は、我々のささやかな生活を構成するものの初めから終わりまでを、完全な円環として知る人間である」と讃えた。

有機体的なトポスに生きる庶民は、自らが「凡夫」であるという不完全性の認識を持ち、「自力」や「計らい」よりも「暗黙知」という「他力」を重視する。ここに造作を超えた美が生み出され、崇高な輝きが宿る。

親鸞の「絶対他力」や柳宗悦の「美の法門」は、保守思想に直結する。日本の宗教思想と近代ヨーロッパの保守思想の対話を通じて、我々は「日本の保守」を確立していく必要があるだろう。その作業の末に、我々は洋の東西を超えた「保守のフォルム」を見いだすことができるのである。

■『表現者』MXエンターテインメント・五五号・二〇一四年七月一日

先祖になること

柳田國男『先祖の話』

柳田國男の代表作『先祖の話』（一九四六年）に、ひとりの老人の会話が記されている。彼は南多摩郡の丘陵地帯に住み、大工と材木取引を生業とした人だった。生れは新潟。若き日に長野で大工仕事を覚え、東京で稼ぎ、南多摩に落ち着いたという。

彼は田舎から母を呼び寄せて安らかに見送り、子どものための財産も築いて老人の域に入った。あとは死を待つだけ。毎日、静かに安定した老後を過ごしていた。

そんな彼が、柳田に対して強い意思を伝えた。それは「御先祖になるつもりだ」というものだった。

柳田はこの老人に好感を抱き、「古風なしかも穏健な心掛けだ」と感心した。かつて日本では「先祖になる」という表現が日常的だったという。たとえば、跡取り息子に対して「精出して学問をして御先祖になりなさい」と言って聞かせたり、家督を継げない末っ子に対して「いやこの児は見どころがある。きっと御先祖様になる児だ」と力づけたりしたという。「先祖になる」ことは「立派な人間になること」と同義だった。

先祖は、子孫を守る存在である。もちろん先祖は死者となっているのだが、この世界に存在しないわけではない。先祖は強い意志と力を持って子孫を擁護し、家の安定を保守する存在である。

日本の各地では、様々な祭りが挙行されている。そこでは「謝恩と満悦」が発露され、熱狂が巻き起こる。祭りでは、わざわざ「特に救われんと欲する悩み苦しみを、表白する必要」がない。先祖が子孫を救済することが、当然の前提として共有されているからである。

柳田は、このような先祖との関係が「歴世の知見」として積み重ねられてきたことを重視し、その伝統を保守する重要性を説く。

先祖に守られる「現在の私」は、将来、死者となって後続の子孫を守る主体である。「未来の私」は、次の子孫にとっての先祖となり、家の安泰を支える重要な役割を担う。そのため、「現在の私」は先祖に対する供養と謝恩を繰り返すと同時に、死者となって自ら「先祖となること」を意識しながら生きる。「現在の私」の目標は、今を生きることにだけあるのではなく、死後に先祖となって家を守って行くことにも向けられる。

人間があの世に入ってから後に、いかに長らえまた働くかということについて、かなり確実なる常識を養われていた。

（『柳田国男全集13』「先祖の話」ちくま文庫、一九九〇年）

柳田は「歴世の知見」や「確実なる常識」こそが重要だという。「常識」とは「いつの世からともなく昔からそうきめ込んでいて、しかもはっきりとそれを表示せず、従って世の中が変って行くとともに、知らず知らずのうちに誤ってしまうかも知れない古い無学者の解釈」（同書）である。これは庶民の集合的経験知であり、言語化されずに継承される暗黙知のようなものである。

日本の名もなき「常民」たちは、自己の意義と目標を死後の未来に設定し、そのための現在を懸命に生きようとしてきた。柳田は、この伝統が近代化以降、崩壊しつつあることを憂慮しつつ、南多摩で偶然出会った老人の心がけの中に息づいていることの希望を記している。

伝統を主体化する

柳田には、日本の伝統が急速に失われて行くことへの危機感があった。彼は、意識しなければ消えていってしまう慣習や伝統を書き留めることに執念を燃やし、その作業の積み重ねを民俗学の営為とみなした。

柳田にとって民俗学は「結論を提供する学問」ではない。「人を誤ったる速断に陥れないように、できる限り確実なる予備知識を、集めて保存しておく」ことこそ民俗学の役割だった（同書）。

柳田は、伝統が再帰的存在であることを、深く認識していた。伝統は意識的に選択することで、初めて出現する存在である。客体化した上で、主体的に選び取るという行為をしない限り、伝統など存在しない。柳田にとって民俗学者とは、「民俗」の危機に直面することで、消えゆく「常識」を記述しようとする保守的主体のことである。彼らは、その記述によって暗黙知を客体化し、伝統を出現させるのである。

柳田の見るところ、「明治以降の公人」は総じて「歴世の知見」や「常識」を軽んじ、極端な近代化に傾斜してきた。

> 文化のいかなる段階にあるを問わず、およそこれくらい空漠不徹底な独断をもって、未来に対処していた国民は珍しいといってよい。（同書）

近代日本人は、集合的経験に支えられた暗黙知に目を覆い、「最初からこれを見くびってかかり、ただ外国の事例などに準拠せんと」してきた。しかし、その行為は「今まで一つとして成功してい」ない。そしてその壮大な失敗を、現在の「我々は体験している」という。

『先祖の話』の本文が書かれたのは一九四五年四月から五月にかけてのことで、「自序」の部分は同年十月二十二日に書かれている。つまり、本文は戦争末期の戦火の中で執筆され、序文は敗戦直後に記されている。『先祖の話』という作品は、執筆された時期的状況を前提として読む必要がある。

柳田にとって敗戦という惨禍は、「常識」を軽んじて来た近代日本の結末にほかならなかった。彼は敗戦の要因を日本の近代化のあり方に見いだし、明治以降の功利主義的足跡への抵抗として、民俗学を推進した。

生者と死者の共同体

『先祖の話』の執筆時、柳田が直面していた切実な問題があった。それは戦死者という問題である。

彼は言う。

おおよそ国民の意思と愛情とを、縦に百代にわたって繋ぎ合せていた糸筋のようなものが、突如としてすべての人生の表層に顕われて来た。
（同書）

ここで言う「縦に百代にわたって繋ぎ合せていた糸筋」とは、もちろん先祖とのつながりのことである。彼は「糸筋」が突然、「すべての人生の表層に顕われて来た」と言い、重い切迫感を表明する。

戦争では、多くの若者が命を落とした。彼らの多くは未婚者であり、子孫を残さずにあの世に旅立った。このままでは彼らは「先祖になること」を永久に奪われ、近い将来、存在の消滅に直面する。若き戦死者は、未来に場所（トポス）を与えられない。

我々が百千年の久しきにわたって、積み重ねて来たところの経歴というものを、まるまるその痕もないよその国々と、同一視することは許されないのみならず、現にこれからさきの方案を決定するに当っても、やはり多数のそういった人たちを相手に、なるほどそうだというところまで、対談しなければすまされぬのである。
（同書）

柳田にとって、常識や伝統をないがしろにし、さらなる近代化によって戦後日本の復興を目指す道こそ、亡国的な行為だった。彼は「百千年の久しきにわたって、積み重ねて来たところの経歴」を大切にする多数の庶民と対話し、「なるほどそうだ」と納得させることができるような道筋を考えなければならないと強調した。

そこで柳田が結論としたのは、戦死者を「先祖にすること」だった。

　国のために戦って死んだ若人だけは、何としてもこれを仏徒のいう無縁ぼとけの列に、疎外しておくわけには行くまいと思う。(中略) 死者が跡取ならば世代に加える制度を設けるもよし、次男や弟たちならば、これを初代にして分家を出す計画をたてるもよい (中略) 新たに国難に身を捧げた者を初祖とした家が、数多くできるということも、もう一度この固有の生死観を振作せしめる一つの機会であるかも知れぬ。(同書)

「新たに国難に身を捧げた者を初祖とした家」を構築するということは、「死者の養子になることの勧め」にほかならない。そして、この行為が「もう一度この固有の生死観を振作せしめる一つの機会」だと述べ、「歴世の知見」「確実なる常識」の復興を強く訴えた。

ポイントは、彼の構想が血縁主義に還元されないという点である。柳田にとって重要なのは、実際の血のつながりの有無ではなく、自己と先祖のつながりをめぐるフィクション(物語)だった。このフィクションは、自己が「先祖になる」という主体的意思によって生成するものである。この時、柳田が願ったことは、戦死者を「先祖にする」ことによって、人々の間に「先祖になる」という意識が芽生えることだった。そこに生者と死者の共同体が復活し、豊かな伝統が再生すると彼は考えた。

先祖を忘却し、死者をないがしろにすることは、死者となる未来の自己を殺すことにほかならない。逆に「先祖になる」ことは、未来の他者(=子孫)との対話を担保し、伝統を継承することにつながる。

人は「先祖になること」を放棄した瞬間、自己の一代主義に陥り、過去と未来を切断する。世界は「今」だけに覆われ、近視眼的で自己撞着的な欲望が再生産される。

私たちは死者と共に生きることを選択し、死後は先祖となることで未来を支えなければならない。過去・現在・未来という時間は、「先祖」をめぐるフィクション(縦糸)によって、ようやく連続性を保持するのである。

■『表現者』MXエンターテインメント・五六号・二〇一四年九月一日

中庸の形而上学

疾走する狂人

保守思想にとって、中庸を保つ平衡感覚こそ、思想の生命線となるものである。中庸とは、対立するふたつの立場の「間を取る」ことや、両者の「折衷」を図ることではない。一見、相反する価値の対立を引き受け、その両者を高い次元で総合することこそ、中庸のダイナミズムである。

中庸というスタンスにとって重要なのは価値の葛藤を引き受けることである。ひとつのイデオロギーを信奉することは容易である。一元的な「正しさ」を振りかざし、そこから思想的他者を排斥すれば、明晰な立場を手に入れることができるだろう。しかし、そこには保守が重視してきた葛藤という胆力が欠如している。

チェスタトンは『正統とは何か』（一九〇八年）の中で次のように言っている。

狂人はたった一つの観念のとりことなっている。その牢獄は清潔無比、理性によってあかあかと照明されてはいるけれども、それが牢獄であることには変わりがない。彼の意識は痛ましくも鋭敏にとぎすまされている。健康人の持つ躊躇も、健康人の持つ曖昧さも、彼にはまったく欠けているのだ。

（『正統とは何か』春秋社、二〇〇九年）

ひとつの観念に固執する人間を、チェスタトンは「狂人」と見なす。狂人は常に明快で、一直線に論争相手を論破しようとする。正気の人間は、狂人との議論に勝つことができない。なぜなら、正気の人間には常に「躊躇」や「曖昧さ」がつきまとうからである。一方、狂人は過度に自己を信用するがあまり、社会生活を支えている良識や人間性を喪失している。

チェスタトンは言う。

健全な判断には、さまざまの手かせ足かせがつきまとう。しかし狂人の精神はそんなものにはお構いなしだから、それだけすばやく疾走できるのだ。ヒューマーの感覚とか、相手にたいするいたわりだとか、あるいは経験の無言の重みなどにわずらわされることがない。狂人は正気の人間の感情や愛憎を失っているから、それだけ論理的でありうるのである。実際、この意味では、狂人のことを理性を失った人と言うのは誤解を招く。

狂人とは理性を失った人ではない。狂人とは理性以外のあらゆる物を失った人である。

（同書）

「正気の人間の感情」を持つ人間は、自己に対する懐疑の念を有している。そのため、異なる他者の主張に耳を傾け、常に自己の論理を問い直す。「正しさ」を振り回すことを慎重に避け、対立する他者との合意形成を重視する。

そこでは対話を支えるルールやマナー、エチケットが重要な意味を持つ。他者を罵倒し、一方的な論理を投げ付ける行為は、「理性以外のあらゆる物を失った人」のなせる業である。彼らは先人たちが社会秩序を維持する中で構築してきた歴史的経験知を、いとも簡単に足蹴にする。彼らがいかに「保守的」な言説を吐いていても、それは保守思想から最も遠い狂人の姿にほかならない。

葛藤の総合

中庸は「二つのものを二つながらまったく生かして、二つながら激烈なるがままに包みこむという方法」を重視する。「二つの激烈な感情の静かな衝突」こそ、中庸を生み出す原動力である。

私たちは、俗悪な不正義に直面した時、激しい憤りの感情を抱く。そして、不正義者に立ち向かい、問題を糾弾しようとする。しかし、その際に重要なのは、感情に任せて怒りを発散することではない。その怒りの根源を冷静に把握し、自らの主張の筋道を明確にする沈着さこそ重要になる。ただ単に声を荒げることは、劣化した感情の発露であり、成熟した人間の振る舞いではない。大切なのは抑制した言葉を選びながら、熱い感情を維持することである。「冷静」によって「熱烈」の火を消すのではなく、この両者の葛藤によって高次の総合を図ることこそ、中庸の精神が目指すあり方である。

チェスタトンは、「柔和」と「勇猛」の結合について、次のように言う。


トルストイ流の人びとのよく言う解釈では、獅子が小羊の傍に身を横たえる時、獅子は小羊のごとく温和になるという。けれどもこれでは、小羊が強引に獅子を併合するという、いわば小羊の帝国主義を標榜した予言になってしまうだろう。獅子が小羊を食うかわりに、小羊が獅子を併呑したにすぎなくなる。問題は実はこういうことなのだ。つまり、獅子は小羊の傍に身を横たえながら、しかもなお百獣の王としての獰猛さを失わずにいられるか――これが問題だ。　（同書）

チェスタトンは他にも戦場の兵士の「生と死」について論じている。兵士が敵に包囲され、なんとか事態を打開しなければならない時、「生きることへの強烈な意志」を持つと同時に、「死ぬことに奇妙な無関心」を持たなければ成功の望みはない。人間が闊達に生きるためには、「生にたいして猛然と無関心でありながら生を求めるほかはない」のである。

これは山本常朝が『葉隠』（一九〇六年）の中で「武士道と云ふは死ぬ事と見つけたり」と述べたことに通ずる。山本は、死への積極的意思を示しながら、一方で「我人、生くる事が好きなり」と述べている。そして、生きる上での作法や礼法を詳細にわたって説いている。武士道において重要なポイントは、相対する精神の葛藤を総合し、伝統として受け継がれてきたマナーや良識を順守することである。武士道とは正気を保つための作法であり、中庸を獲得するためのバランス感覚を説く実践知なのである。

非対称の平衡

『正統とは何か』は、キリスト教の精神に「正統」を見いだすことを趣旨としている。そのため、中庸の精神を保つ軸を、キリスト教の超越概念と教会組織のあり方に求めている。

チェスタトンは言う。

新しいバランスの発見こそ、キリスト教倫理の重大事だった。異教の倫理は、いわば大理石の柱であって、厳格な左右相称の釣合いを取って直立していたと言えるだろう。ところがキリスト教は、さながら巨大でゴツゴツしたロマンティックな岩であって、ちょっと指を触れただけでも台座の上でゆらゆら揺れはするけれども、隆々とせり出した瘤がまことに的確にお互いのバランスを保っているために、その台座の上に千年でもしっかりと腰をすえているとでも形容できようか。（中略）一見いかにも偶然と見えるものが、その実お互いにバランスを取っているのだ。（同書）

チェスタトンは「非対称の平衡」の重要性を説く。地球上には完成された対称性など存在しない。地球は「球体」と言いながら、地表はデコボコで、完成された「球体」からほど遠い存在である。世界は「瘤《こぶ》」だらけの存在で、あちらこちらに凹凸がありながら、その非対称性が互いにバランスを取り合い、平衡を維持している。

この平衡の維持には、大変な努力が必要になる。僅かな力の変化がバランスを狂わせ、全体の崩壊に直結することがあるからである。日常における一見些細な問題でも、そのズレや変化を放置すれば天地を揺るがす問題につながる。そのため、中庸を重視する人間は、日常の言葉遣いや振る舞いに対して、繊細な注意を払う。歴史的に構成されてきた良識やルールを維持するためには、常にチェックとメンテナンスが必要となる。

白い杭を放っておけばたちまち黒くなる。どうしても白くしておきたいというのなら、いつでも何度でも塗り変えていなければならない。（同書）

平衡を保つためには、その芯となる軸に意識的にならなければならない。この芯は歴史的に継承されてきた暗黙の経験知であり、垂直線上に想起される超越的存在こそ重要な意味を持つ。チェスタトンは教会を「猛獣使い」に例える。人々は時に群れを離れ、暴走する猛獣のごとき存在である。もし、一匹の極端な猛獣の暴走を放置すれば、やがてそれに牽引された一群が勢力を築き、全体のバランスが崩壊する。教会は神の存在を垂直上に感じながら、水平的な平衡を保持するために鞭《むち》を使う。それは職人がバランスのとれた柱をつくりだすために、一ミリ以下の微細な鉋《かんな》がけを繰り返すことに似ている。その鉋さばきを支える感覚もまた、長年にわたって継承され、経験の積み重ねによって熟達してきた暗黙知である。

中庸とは、凡庸でも退屈なものでもない。平衡の維持は、狂人となることよりも努力と緊張感を要する。

正気であることは、狂気であることよりもはるかにドラマチックなものである。正統は、いわば荒れ狂って疾走する馬を御す人の平衡だったのだ。ある時はこちらに、ある時はあちらに、大きく身をこごめ、大きく身を揺らせているがごとくに見えながら、実はその姿勢はことごとく、彫像にも似た優美さと、数学にも似た正確さを失わない。

（同書）

正気を保つための平衡感覚は、中庸の形而上学によって支えられている。それは経験によって獲得された非凡な身体感覚を生み出し、そこに崇高な美を生み出す。正統であることを旨とする保守思想は、偏狭な狂人となることを避け、多様な価値の葛藤を引き受けながら、静かに良識を伝承していかなければならない。

■『表現者』ＭＸエンターテインメント・五九号・二〇一五年三月一日

三

リベラルな現実主義

——対談・枝野幸男

大きなビジョンの下の具体策

中島——立憲民主党の設立は、日本の政治史上において大きな出来事であると思っています。この五年ほど続く安倍内閣に対して、草の根レベルでは様々な不満や批判が出てきました。みんなこのままでは日本はもたないとわかっている。しかし、他に選択肢がないから、安倍内閣のほうがマシだと沈みゆく船に皆がしがみついている。それがおおよその国民の現実だったと思うのです。

そんな中、リベラルでセーフティネット強化の考え方を持った立憲民主党が結党され、民進党時代には見えづらかったオルタナティブな方向性を打ち出した。まさに「もうひとつの船」が出てきた。やっと選択肢ができたという感覚だと思います。

枝野——半分は結果論だと思っています。今回の衆院選は様々な経緯があり、自民党との違いが自然に明確になりました。それが結果的に一定の支持につながったと思っています。

中島——まずは結党までの経緯を振り返りたいと思います。二〇一七年の衆議院選挙を前にして、民進党の前原（誠司）代表が、希望の党に合流することを発表します。小池百合子都知事が中心になって立ち上げた希望の党への合流は、安倍一強政治を終わらせるための「現実主義」だと言い、そのために「現実的ではない」民主党内のリベラル派を排除する動きになりました。

枝野さんたちに「非現実的な左派」というレッテルを貼ろうとする印象操作のような展開でしたね。

枝野――国粋主義的な保守二大政党を作ろうと思った場合、我々の勢力に「ゴリゴリの左派」とレッテル貼りする必要があったのでしょう。それでも成り立たないとは思いますが……。希望の党は、私たちに常にそのレッテルを貼り続けなければならない宿命にあったのかもしれません。そうしないと自分たちがわざわざ新党を作った意義を強調できないわけですから。

中島――希望の党の設立は、明らかな間違いだったと私は考えています。各政党の立ち位置について、リスクを社会化（セーフティネットの強化）するのか個人化（自己責任）するのかを縦軸に、リベラル（寛容）かパターナル（権威主義）かを横軸に取り整理してみると（本書二四頁の図を参照）、自民党は個人リスク型でパターナルな政党です。そして、小池知事も同じ考え方の政治家です。ここでの二大政党は作りようがありません。

では立憲民主党はどのような考え方なのか。「立憲民主党が目指す社会。それは、『多様性を認め合い、困ったときに寄り添い、お互い様に支え合う社会』です」（所信表明に対する代表質問、二〇一七年十一月二十日）と枝野さんは発言されています。

前半の「多様性を認め合い」は、リベラルの思想です。後半の「困ったときに寄り添い、お互い様に支え合う社会」はセーフティネットの強化です。本来は自民党の宏池会のような保守本流が担ってきたもの。これを「左翼」という概念ではなく、「リベラルな保守」と枝野さんは位置付け、自民党に対置しました。これは画期的でした。実際の政策に民進党時代と変化はありましたか？

枝野――堂々と言いますが、具体的な政策は民進党と変わりありません。そもそも極端な政策は現実的にやりようがなく、大衆に迎合しても壁にぶつかってしまいます。アメリカのトランプ政権はまさにその典型です。ですから自民党も我々も現実的に実現可能な似たような政策になる部分があります。だからこそどの政策をどのような優先順位でやるのか。その方向性が問われています。そこで立憲民主党は「多様性」と「リスクの分散」を明確に打ち出しました。

中島――背景には民主党政権が発足した二〇〇九年選挙の失敗点への反省があるように思います。とにかくマニフェストが細かすぎた。統合する理念があいまいなまま、詳細な政策リストが並んだ。その後、マニフェスト選挙は廃れていきます。

枝野――僕もある意味で細かすぎるマニフェストの戦犯ですから。理念が不明瞭であるが故に、進む方向がぶれてしまったと反省もあります。具体的な政策は大事ですが、今、より大事なことは、ビジョンを示すことだと考えています。このビジョンを「リベラルな保守」として打ちだし、「多様性尊重」というリベラルな価値観と「リスクの分散」という再配分強化を提示しました。

中島――的確な判断だったと思います。マニフェストには、政治の大きなビジョンを示す「宣言」という意味と「船の積荷リスト」の両方の意味があります。二〇〇九年のマニフェストは後者の積荷リストになってしまったのでしょうね。人が政治に希望を抱き、一票を託してみようと思うのは、大きなビジョンが提示されているからこそです。その理念に個別的な政策がぶら下がっていることが重要で、ビジョンなき政策の羅列に意味はありません。だから枝野さんは、選挙で理念の側面を訴えることを重視した。そこで出て来たのが「リベラルな保守」というビジョンだった。「リベラルな保守」というスタンスをとることによって、政権を担うことのできる現実的な政党であることを示そうとした。これはまさに「まっとう」な選択だったと思います。

多様性と保守の共存

中島――「多様性」と「リスクの分散」が立憲民主党のふたつの柱ですが、まずは多様性について伺いたいと思います。枝野さんは選択的夫婦別姓の実現を当初から目指しており、最近はLGBTの問題にも関わっていますよね。なぜ「多様性」を目指すのでしょうか。

枝野――まずは個人的に多様性がない社会でないと、僕が困るからです。これを言うと票を減らしてしまうのですが……僕は関東の生まれ育ちなのに、野球は阪神ファンなんです（笑）。つまり、変わり者だったんです。変わり者が排除される社会ならば、私は生きていかれないのです。多様性が認められない社会でないと困ります。

世の中は実際に多様です。私は昭和四十年代から五十年代に宇都宮にある公立の小中学校に通っていたのですが、大学の先生の子どもたちも、貧しい家庭出身の子どもたちもいて、格差がある中で育ってきました。世の中が多様なのは当たり前だという感覚があるのです。一方、僕自身の子どもを見て、多様な社会を知らずに育ってしまうのではと危惧しています。

中島――政治とはそもそも「自分とは違う他者がいる」という前提に立つものですよね。多様な人とどのように合意形成し、秩序を保っていくのかが政治の本質です。多様性を認められないところでは、他者への排斥が起こります。上から押し付けるのではなく、多様性を大事にし、草の根からの政治参加を歓迎するのが立憲民主党の「リベラル」だと思います。〝リベラル〟の対極にあるのは〝保守〟ではなく、〝パターナル〟です。

枝野――以前、保守って面白いなと思った出来事がありました。選択的夫婦別姓の議論を僕は二十四年間やってきているのですが、推進派の中に自民党のいわゆる〝古い保守〟の方がいたのです。賛成した理由は「うちは娘しかいないから」というものでした。私自身は家制度を無条件では肯定していませんが、「伝統的な家制度を守りたいから我が家は夫婦別姓を選びたい」

とする理由もあっていい。多様性を認めることが選択的夫婦別姓の特徴ですから、賛成する理由も多様であっていいと思います。理由自体はリベラルではないかもしれませんが、そのように思考する保守って、僕はものすごく好きです。

中島——歴史をさかのぼれば夫婦別姓の例など、いくらでもある。近代的な家族制度に基づく夫婦同姓は明治に作られた新しい伝統です。

枝野——もしかすると、明治維新以前についての日本史的な考察も必要になってくるのかもしれませんね。明治以降に入ってきた欧米の強いトップダウン型だけを、「保守」だと勘違いしているように思います。

中島——保守というのは長年の歴史のふるいにかけられてきた、庶民の良識に依拠します。無名の死者たちが積み上げてきたものの中に英知がある。枝野さんがおっしゃるように、日本のどこか一点の過去だけに戻ろうとすることは、保守とは言えない。むしろ原理主義者の発想です。過去は分厚い歴史が積み重なってきたものであり、点ではない。慣習は時代と共に変わりますが、そこで貫いている精神としての伝統を守るのが保守と言えるのではないでしょうか。

右左を超えた経済政策

中島——立憲民主党のもうひとつの柱である「リスクの分散」について、枝野さんは「困ったときに寄り添い」という日本の庶民感覚にも寄り添った言葉で表現していますよね。さらに、アベノミクスに対して、再配分こそが経済政策であると位置付けました。本来、再分配は自民党の保守本流が取り組む政策でしたよね。

枝野——僕は一九六四年生まれの五十三歳なので大平（正芳）さんの時代を知っていますが、あの時代に社会党が政権を取れなかったのは、彼らが提案していた分配政策を自民党の大平さんや田中角栄さんのような保守がやっていたからです。

中島——だからこそ、枝野さんは自分を〝保守〟と名乗っている。

枝野——僕自身も、日本新党と新党さきがけに所属していたので、自分のベースが保守だという感覚があります。日本新党を設立した細川護熙さんは自民党出身ですし、新党さきがけも自民党の中のリベラルな議員が結党したものです。

中島——枝野さんの議員生活は、一九九三年、細川内閣の時にスタートしています。最初は与党ですが、旧民主党設立以降、しばらく野党生活になります。その辺りから自民党には橋本（龍太郎）内閣の行政改革などに新自由主義的な要素が入ってきます。自民党が変容していくプロセスを、野党という立場から見て来られたと思うのですが、この二十年間の自民党の政策の変化をどう見ていますか。

枝野――橋本行革の時は、私も、私の周辺の人も立ち位置がはっきりしなかったと思っています。「税金の無駄に切り込まなければならない」論は、むしろ自分たちが主導したという意識もありました。官僚などと結びついている既得権益を壊すことが大義でした。

しかし、小泉（純一郎）さんが出てきた辺りで、社会公正という観点からの行革と、経済社会政策としての再分配の見直しが混然一体となってしまった。結果的に、財政の効率化のために「分配しない」方向に偏っていったのです。そこを批判したのが結成当時の民主党の立ち位置でした。

中島――日本の政治改革の功罪があるということですね。日本は八〇年代まで再配分をやってきたが、不公正で不透明な再配分だった。ムラ社会的な、業界団体を使った分配だったと。それを正そうとしたのが、九〇年代初めの政治改革だったわけです。ですが、同時に再配分そのものまで壊してしまった。ここを壊すと国民の生活はめちゃくちゃになってしまう。

枝野――分配政策が景気の好循環につながることは世界的な常識です。しかし日本ではあまり注目されてきませんでした。日本が高度経済成長期を迎えられた一方、東南アジアの新興国の成長が頭打ちになったのは、中間層が育たなかったからです。国内の消費を拡大しないことには、途上国から先進国への脱皮ができない。僕は与党時代に経済産業大臣をやりましたが、このことは経産省の官僚たちもよくわかっている。ところが日本は中間層が壊れることをそのままにしている。おかしなことが起きていると痛感しました。

しかし経済政策の話になると、右派は「経済効率を上げられるか」、左派は「格差の下にいる人がかわいそう」と言うばかり。この噛み合わなさに、僕自身も苛立っていました。特に左派の社会政策に一所懸命な人ほど、「分配政策はもっと崇高なもので、景気対策のような俗っぽい話ではない」と考える人が多かった。それでは再分配に対して、広い国民の支持を得ることが難しい現状でした。党を立ち上げる流れの中で、経済政策と再分配を関連付けてはっきりと掲げることができました。その結果、一定の理解を得られたと考えています。

中島——再配分を左派的な正義の論理ではなく、右左を超えたリアリズムの路線として提示した。それこそ、枝野さんのおっしゃるような「リベラルな保守」の立場であり、現実主義というスタンスだと思います。

原発とリアリズム

中島——原発問題についてもお聞きしたいと思います。二〇一一年に原発事故が起こり、枝野さんは官房長官、経済産業大臣として精力的に活動されました。枝野さんは原発の問題も、イデオロギーではなくリアリズムの姿勢から一貫して考えていますよね。

安全保障の面からみると、右派の人は原発に対する攻撃がない前提で考えています。それこそあなたたちがずっと批判してきた「空想的平和主義」そのものでしょうと言いたくなります。彼らは「原発は攻撃されない」「テロリズムの対象にならない」という前提で話を進めています。その反リアリズムに私は苛立っています。

枝野――もうひとつは、推進派は原発を安い電力だと思っているのでしょうね。福島のような事故が起こらなかったとしても、使用済み核燃料のことを考えたら割高です。しかしそれは見ないふりをしている。推進派がイデオロギー的になっていると思います。

一方で、反対側もリアリズムがない。私が経産大臣だった二〇一二年に、大飯原発を再開しました。関西でブラックアウト（大規模停電）の可能性があったからです。その数字のごまかしが経産省の中であったかもしれないと指摘されていますが、少なくともごまかしだという証明はなされていません。ブラックアウトを関西で起こしてしまったら、人工呼吸器などの医療機器に影響が出て、人が亡くなる可能性があります。人が亡くなる可能性と、再稼働して事故が起こる可能性。それを相対比較して判断するしかないのです。これがリアリズムだと思います。

中島――漸進主義的な改革が現実的であるにもかかわらず、推進派も反対派も極端な方向にいってしまう。

枝野——ただここ五年程で原発の話はだいぶ変化していったと思います。段階的にやめていく議論が、即時撤廃の人からも理解を得られるようになってきたのではないでしょうか。

中島——今は「右」と「左」が、それぞれパッケージ化されたコスプレになっています。「右」だったら靖国参拝、憲法改正、ＬＧＢＴへの法的整備反対、原発推進のようなセットがある。「左」も同様です。この間にブリッジを掛け、議論するのがまっとうな政治でしょう。

枝野——憲法九条の議論も原発と似ている点があります。両サイドでリアリズムの観点が欠如し、両端の声がどうしても強くなってしまう。憲法においては、私は衝撃的な場面の当事者です。一九九四年に社会党の村山（富市）さんに投票し、総理になった瞬間に、自衛隊違憲論を全部ひっくり返したのを目の当たりにしました。このことで社会党はその後の弱体化のきっかけを作ってしまったと考えています。常にリアリズムという観点を持ち、政権を担ってもブレない姿勢が必要だと思っています。

憲法論議を二元論にしない

中島——「改憲か護憲か」という二元論は、ほとんど意味もないレッテル張りだと思っています。

立憲主義は、国民の側から憲法によって権力を縛るという考え方です。だとすれば、時代の変化の中で、よき縛り方をするための、よりよい条文を考え続けるのが本来的な憲法論であるはずです。左派の側は一言一句変えないことを「リベラル」だと思いこんでいますが、それは権力の暴走を許す結果になるかもしれない。

たとえば、枝野さんも言及されているように、首相に衆議院の解散権を認めている憲法七条は、国際的にも異例の制度です。だから強引な解散ができてしまう。それを改定するのは、権力に対する抑止にもなり、リベラルな態度だと言えるでしょう。枝野さんは長らく憲法をご専門にされていますよね。

枝野――もともと弁護士で、大学では憲法ゼミに所属していました。実は、国会議員として初めて選挙に出た時、とても困ったんですよ。マスコミが候補者に「憲法改正に賛成ですか反対ですか?」とアンケートを取ります。これって答えようがありません。よくなるなら賛成だし、悪くなるなら反対です。一貫してその回答を続けています。この二元論には本当に苛立ち続けています。

ただ私たちの世代は二元論ではない最初の世代の政治家であるとも思っています。私は二〇〇〇年から「衆議院憲法調査会」に参加していましたが、委員長で自民党の元衆議院憲法調査会長・中山太郎さんとは、嚙み合う議論ができました。しかし安倍首相になってから、憲法論議が二元論に戻されてしまった。議論の明らかな劣化です。

中島――私は九条は変えた方がいいと思っています。自衛隊もちゃんと明記するべきです。しかし、憲法を守らない状態で安保法制ができている今、違憲部分はしっかりと是正した上で、改憲の議論をするべきです。違憲の安保法制に合わせるかたちで憲法改正をしたら、完全な立憲主義の崩壊になってしまう。これは大変恐ろしい事態です。

憲法を変えたくないという人たちの思いや改憲への懸念はよくわかります。戦前・戦中の日本はアジア諸国を侵略し、多大な犠牲を与えた。日本人の一般民衆にも、多くの犠牲者が出た。そして敗戦を迎え、痛切な反省をした。そこで手にしたのが九条だった。だから、九条が憲法以上のシンボルとしての意味を持っていることはよくわかります。

憲法に絶対平和に向けた思いを書き込むことに、私は反対ではありません。究極の目標としての絶対平和を掲げることは重要だし、不戦の誓いを立てることにも意味があると思っています。一方で、自衛隊という軍事力を保持し、運営していかざるを得ないのも事実です。だとすれば、やはり自衛隊の活動範囲を立憲主義的に縛り、暴走しないようにすることが必要です。絶対平和という目標を掲げた上で、適切な制限を自衛隊にかける。これが真の意味での平和主義的な九条のあり方だと思っています。

ただ繰り返しになりますが、安保法制の違憲部分を追認するかたちの改憲には絶対反対です。

安倍内閣の目指す九条改正は立憲主義を破壊してしまいます。これは絶対に避けなければならない。

枝野――他党のことを勝手に分析してはいけないかもしれませんが、共産党も含めて、政治の現場にいる左派の人たちの間では、立憲主義に基づく憲法改正についてのスタンスを共有できていると思います。何がなんでも一言一句触ってはいけないと考えている人はかなり少ないのではないでしょうか。しかし下手に改正の土俵に乗ってしまうと、自民党の九条改悪にまで利用されると考え、反対しているのでしょう。

中島――これから九条改正についての議論はどのように展開していくとお考えですか。

枝野――永田町の中のリアリズムとどう折り合いをつけていくのかが、これから問われると思っています。中島先生がおっしゃったような立憲主義の観点から、問題点を指摘する勢力もいれば、絶対に一言一句触らせないと思っている古典的護憲の声もあるでしょう。僕自身は「個別的自衛権を認めた上で、集団的自衛権はやるべきでない」という論をとっていますが、「立憲主義を護った上なら、集団的自衛権はやってもいい」と考える人まで巻き込んで、連携しなければいけません。様々な意見を持つ人と幅広く連携できれば、安倍内閣の目指す反立憲主義的な憲法改悪は、国民投票で否決できると自信を持っています。これは政治の技術が問われる話です。今回の選挙で「立憲」という言葉が周知できたので、ずいぶん戦いやすくなったと思います。

安倍政権の危ういゲーム

枝野――左派の問題もありますが、憲法を改定したい側の姿勢も問われるべきです。中山憲法調査会では、「衆議院憲法調査会報告書」として分厚い資料を提出しました。最後、この報告書を認めるかどうか採決をするのですが、共産党と当時の社会党の辻元（清美）さんは反対しました。ですがあの報告書は、社共も含めて作ったものです。最後は反対票を投じるが、それでも意見を言ってもらい、まっとうなものは取り入れる。それが中山調査会長の方法でした。反対はあったが、強行採決ではない。賛成はできないけれども、中身については客観性中立性の高いものだと事実上は認めて、円満に進んだのです。

中島――中山太郎さんは、大変まっとうな保守政治家ですよね。保守とは人間の理性に対する懐疑主義的な見方があり、「人は間違えるものだ」と思っている。過剰に理性を信用しないのです。その矛先は他者だけではなく、自分にも向かうため、当然、自分自身も疑う。自分も間違えている可能性があると考え、過信をいさめる。だから他人の意見をまずは聞く。そして、丁寧に合意形成しようとするのが保守政治です。共産党や社民党の人たちは少数派だが、その意見に納得する点があるなら取り入れて合意形成する。そんな中山さんの姿勢があったからこそ、テーマが憲法であっても、一定のまとめができたのですね。

枝野——今の政治状況では、自民党が提出する改憲案については、共産党や社民党は反対するでしょう。立憲民主党も反対です。その時に強行採決になるのか。これはむしろ自民党側の判断なんですよね。今はわざわざ強固な反対をさせるよう仕向けている。それは数も力も持っている側の責任が大きいと思います。

中島——現在の安倍政権の議論の進め方についてどう考えていますか。枝野さんはバッシングに近い言葉を、自民党議員から投げかけられることもあったと思いますが。

枝野——結局彼は、ゲームをやっているのだと思うんです。よく、現在の政治家を戦国武将になぞらえることがありますよね。僕はそれが大嫌いです。戦国武将は個人的な利害に基づく戦いをしていますす。その手法や勝ち負けと同じように、野党に対して自分たちがどう勝つのか考えるゲームをしている感覚が強いのだと思います。

外交に関しても同様です。ゲーム感覚を国際政治に当てはめるのは危ない。ゲームに負けてしまうと国益を大きく損ないますし、それこそ最悪の場合やらなくてもいい戦争に巻き込まれる可能性もある。国際社会におけるビヘイビア（態度）をゲーム感覚でやられたら困ります。

中島——枝野さんは中国共産党に対して批判的ですが、そのスタンスに私は共感しています。日本が行った過去の戦争について、反省すべきところはしっかり反省し、歴史修正主義的な態度を否定した上で、中国の体制に対して人権問題や強権政治の側面への懸念を伝えるものです。リベラルの姿勢としてまっとうだと思います。しかし今の安倍政権は中国を牽制し、時に日本の修正主義的な歴史観をぶつけている。中国共産党に対するスタンスにおいて、枝野さんとの違いは大きい。

枝野――歴史問題は向こうが有利なカードであるはずです。一方で、人権や民主主義は日本の有利なカードですよね。なぜ向こうの有利な土俵に乗るのか。国内の右派ならともかく、国際的には、日本の一方的な歴史修正主義は理解されません。外交は勝ち負けではなく、どう折り合いをつけるのかが重要です。国際社会の中で一方が全面的に勝つなんてあり得ない。そこが大変怖い。危うさを感じます。

とにかく安倍さんは、最初から敵と味方に分かれたゲームを設定し、敵の攻撃をどう防御するのかという一点で国会論戦に臨んでいる。宮沢（喜一）さんや橋本さん、そして小泉さんですら、論議を通じて相手が変わるかもしれないという可能性があった。だから国会での議論が重要な意味を持っていました。安倍さんとの議論には建設的意味を認められません。これがまっとうな政治なのでしょうか。安倍さんはゲームのプレーヤーとしては優秀なのかもしれないけれども、真の意味での政治家ではない。

中島――議論は納得した時に、意見を変える勇気のある人間が行うものです。安倍さんは基本的に「言い合い」になっている。これはかつての左派の悪い点でもあったと思います。一方で、かつての保守には他者との粘り強い対話を是とする美徳があった。しかし保守を自称する安倍政権こそが、憲法改正論を筆頭に反保守的な議論の進め方をしている。選挙で勝ちさえすれば、何をやってもいいと言わんばかりです。このままでは国民の分断を生むだけでしょう。

リベラルと保守は対立するものではない。むしろこれまでの断絶された右左論の懸け橋になり得る可能性があります。異なる他者と共存することと、他者と地道な議論を重ねることにおいて、リベラルと保守は一致します。

自民党が保守としての地道な議論をないがしろにしている今、「リベラル保守」としてリアリズムに基づいた議論を重ねることを、立憲民主党には期待しています。

■二〇一七年十二月五日、衆議院議員会館にて録り下ろし

四

保守こそがリベラルである

──なぜ立憲主義なのか

死者と共に生きる

一九九五年一月十七日、当時二十歳になろうとしていた私は、阪神・淡路大震災で被災した。大阪の自宅の中はむちゃくちゃになり、靴をはかなければ歩けなかった。マンションの給水タンクは破裂し、屋上から水が滝のように流れていた。友人は二階から転落し大けがを負った。自己の生が死と隣り合わせにあることを初めて実感した。

震災から数日後、テレビにひとりのおばあさんが映し出された。彼女の家は倒壊してしまったらしく、がれきの中から無心で何かを探している様子だった。アナウンサーが彼女に尋ねた。「何かお探しのものがあるのですか?」。するとおばあさんは、何を当たり前のことを聞くのかといった表情を浮かべながら、こう言った。「位牌《いはい》です」

今回の東日本大震災でも、位牌をリュックに入れて歩く被災者の姿をテレビで観た。死者が生者を支えている。生きることを後押ししている。死者の力とはなんなのか。

阪神・淡路大震災から約一ヶ月後、私は神戸の街に行ってみた。見慣れた風景が消滅し、あちこちに空き地ができていた。目を疑うような風景だった。

茫然となって空き地の隅に座っていると、少し離れたところで凧あげをしているおじいさんが目に入った。彼はただ空を見上げながら、爪をあげている。無心で爪をあげている。

一時間ほど経っただろうか。お爺さんはまだ爪をあげていた。私はさすがに気になって尋ねた。「いつもここで爪をあげているんですか？」彼は清らかな表情で答えた。「ちょっと前からやな」。怪訝な顔をする私に、彼は続けて言った。「地震でな、家内を亡くしてな。なんかこうやって爪をあげとると、手を握ってる感じがするねん」

救いとは何か。今回の震災では、目の前で自分の家族が津波に流された人がいるという。自分が命を救えなかったという自責の念と無力感で、打ちひしがれている人が多くいるという。過酷すぎる。かける言葉も見つからない。まだ、被災地の多くの人は絶望の中にいるはずだ。生きることに前向きになりながらも、ふとした瞬間、途方もない虚無に襲われるだろう。生きていて意味があるのだろうか。そんなことを想起するかもしれない。

確かに、亡くなった大切な人は、ここにいない。姿かたちは存在しない。しかし、その人は、生者から死者となって存在している。あなたの心の中に。脳裏に。

死者の存在は透き通っている。だから、自己の心の中を直視してくる。見通してくる。生きている時は不可能だった透明な関係が、死者との間に突如生み出される。わだかまりなんて存在しない。ふたりの間の障壁は崩れ、心と心でつながることができる。これまでなかなか言えなかったことも言える。「ごめんね」も「ありがとう」も。

ここに大切な人との新しい関係が生まれる。生きている人間同士では不可能な関係が、生者と死者の間で結ばれる。これは新しい出会いだ。透明な死者の存在は、生者に対して自己と対峙することを要求する。自分の心の中を、死者のまなざしを通じて直視することを余儀なくされる。死者との出会いは、自己との出会いにつながる。

他者に言えないこと、自分の心の中にそっとしまっていること。無意識の思い。死者とのコミュニケーションは、そんな自己を掘り起こし、自己を凝視させる。

この行為は、苦しい。自分の負の側面が、死者のまなざしを通じて自己に突き刺さってくるからだ。自己の醜さに直面しなければならない。心が痛い。見たくないものまで、見なければならなくなる。できれば、そっと胸の奥にしまっておきたかったのに。

しかし、その出会いは、きっと人生を豊かなものに変革してくれるはずだ。自己と向き合わずごまかして生きるより、死者によって自己と対峙しながら生きる方が善き人生になるはずである。

大切な人の死は、喪失であると同時に、新たな出会いでもある。死は決して絶望だけではない。死者とのコミュニケーションを通じて、人間は新しい人生を生きることができる。そんな姿を、死者は温かく見つめてくれるはずだ。死者と一緒に、私たちは生きているのだ。

■『共同通信』二〇一一年四月配信

無名の先祖たちがつないできたもの

数年前、北陸地方の山村の家に泊めていただいた。この家に住む六十代の男性は、先祖代々の土地を守り、農業を続けている。彼は無口だが働き者だ。朝、早くから農作業にいそしみ、終わると丁寧に農具の手入れを行う。

彼の自慢は、なんといっても畑の土。長年の試行錯誤と経験知をもとに作り上げた土壌は、評判の無農薬野菜を生みだす。彼はその野菜を出荷し、世の中に届けることを生きがいとしている。

ある時、私はぼんやりと農作業を眺めていた。彼は黙々と畑を耕していた。しかし、よく見ると口元がかすかに動いている。彼はひとつの動作ごとに、何かをつぶやいている。

農作業が一段落した時、私は尋ねてみた。「何をつぶやきながら農作業をしていたのですか」

すると彼は、少しはにかみながら答えた。

「ナムアミダブツを唱えているだけだよ」

彼にとって、農作業は単に金銭を稼ぐための行為ではない。彼は耕すことを通じて世界とつながり、仏とつながろうとしている。鍬《くわ》のひと振りひと振りが彼にとっての仏道であり、この世で生きることの意味を紡ぎ出す。精一杯の力を注いで土地を耕し、安全な野菜を生産することこそが、存在の根源を支える。

近代日本を代表する仏教者・鈴木大拙は名著『日本的霊性』（一九四四年）の中で次のように述べる。

「個体は大地の連続である。大地に根をもって、大地から出で、また大地に還る。個体の奥には、大地の霊が呼吸している。それ故個体にはいつも真実が宿って居る」（鈴木大拙『日本的霊性』岩波文庫、一九七二年）

大拙は、日本的信仰の核を「大地性」に見いだした。人は抽象的な観念の世界だけでは、信仰の中に生きることができない。具体的な生活世界で他者と関与し、自らの職分を全うすることで生きる意味を獲得する。大地は自らの役割を果たす場所（トポス）である。このトポスを獲得した人間こそが仏の慈悲に包まれ、その自覚の中から念仏が生じる。「日本的霊性は、大地を離れられぬ」（同書）。

人間にとって生きる場所は自己の実存と不可分の存在だ。簡単に取り替えることはできない。福島第一原発事故で摂取制限指示が出された野菜農家の男性が、二〇一一年三月末に自殺した。彼にとって、自らの土地が放射線で汚されることは、存在そのものを否定されたに等しかったのだろう。長い年月をかけて耕してきた土地は、彼の身体の延長上にあったに違いない。

もちろん問題はこの男性だけではない。福島第一原発の周辺住民は、自らの土地を喪失した状態にある。事故が収束する見通しは立たず、自分の土地にいつ帰ることができるのかわからない。

自らの存在と一体化した土地を、金銭的な賠償で十分に補塡《ほてん》することなどできるわけがない。しかも、長年かけて形成されてきたコミュニティは幾重にも切断され、回復不可能な状況になっている。先祖から継承してきた祭りも、執り行えない。土地に伝わる伝統や慣習、技能も、急速に失われていくだろう。

人間は歴史という時間軸と土地という空間軸の結合点に生きている。人は時間と空間に規定された存在だ。原発事故は、この重要な場所を奪う。一気に、そして大規模に奪う。

原発事故による死者数よりも、自動車事故で死亡する人数の方が多いことを理由に、リスクを小さく見積もろうとする人がいるが、論外である。人間は、時として命を捨ててでも大切なものを守ろうとする。死者数だけで被害の規模を算出することなどできない。

今回の事故は、取り返しのつかない事態を生んでしまった。多くの住民のトポスを奪い、存在の根拠を破壊してしまった。

原発事故は、他の事故とは位相が異なる。原発事故は、現在だけでなく、過去も未来も破壊する。土地の来歴を踏みにじり、未来への継承を切断する。

もうこんなことを繰り返してはならない。

不完全な人間が作り出す技術は、普遍的に不完全な存在だ。「絶対に安全な技術」など存在しない。つまり「絶対に安全な原発」など、永遠に存在しない。

だったら、私たちは勇気を持って原発を手放さなければならない。原発を守るよりも、トポスを守らなければならない。

もはや、原発を〝安楽死〟させるしかないだろう。無名の先祖たちの営為がつないできた「日本的霊性」を守るために。

■『共同通信』二〇一一年五月配信

原発は原罪か

質量をもった素粒子ニュートリノが、光よりも速く移動できるという実験結果が出た。これが実用化されると、これまでの時間の観念が覆される可能性があるという。夢のタイムマシンが実現するのではないかと、期待の声が上がった。

しかし、本当にタイムマシンは夢の装置なのだろうか。時間の概念が崩壊すると、現在と過去の関係、そして現在と未来の関係がねじれる。当然、これまでの人間関係や人生観も崩壊する。そんな歪んだ時間に人間は耐えられるのだろうか。

科学の追求は、果てしない。そして、恐ろしい。人間が立ち入ってはならない領域に、踏み込んでしまう可能性がある。長い年月をかけて蓄積されてきた人間社会の倫理や摂理が崩れ、極度の戸惑いと不安が巻き起こる。

これはニュートリノの問題だけにとどまらない。たとえばクローン人間が実現すれば、人間存在の根源的なあり方が変化するだろう。「私は誰なのか」という問いが空転する。人間は、科学を追求してしまう。世界の原理を探求したいという欲望を捨てることは難しい。しかし、この人間的行為が人間社会を崩壊に導く可能性がある。絶対的な矛盾がそこには存在する。

この問題は、原発のあり方にも関係する。思想家の吉本隆明は「原発をやめる、という選択は考えられない」とした上で「発達してしまった科学を、後戻りさせるという選択はあり得ない。それは、人類をやめろ、というのと同じです」と述べている。また、「危険な場所まで科学を発達させたことを人類の知恵が生み出した原罪と考えて、科学者と現場スタッフの知恵を集め、お金をかけて完璧な防御装置をつくる以外に方法はない」と論じている（『日本経済新聞』二〇一一年八月五日朝刊）。

私は、吉本の原発推進論に反対だ。お金をかければ完璧な防御装置を作ることができるという発想には、人間の能力に対する過信が反映されていると思う。吉本が探求してきた親鸞は、「自力」への奢《おご》りを厳しく批判したことで知られる。親鸞の思想から原発を完全に統御できるという考え方は出てこないはずだ。

しかし、吉本が原発を「人類の知恵が生み出した原罪」と捉えていることには、重要な論点が含まれている。科学的に原理を追求しようとする行為を、吉本は人間であることの根源に据え、その英知に内在する「原罪」の存在を指摘している。「罪」という言葉を和英辞典で調べると、「クライム」（crime）という単語と「シン」（sin）という単語が出てくる。前者は「法律上の罪」、後者は「宗教・道徳上の罪」という説明がなされる。

親鸞は「悪人正機」という考え方を提示したが、親鸞が「悪」という時の「罪」は、crime

ではなくsinに関わる問題である。親鸞が問題にしたのは、「人間の犯罪行為」ではなく「人間であることの罪」である。人間は普遍的に不完全で、その理性には限界がある。他の生物の命を食するし、性欲を発露しなければ子孫を繁栄させることができない。人間は「人間であることの罪」を背負って生きざるを得ない。

親鸞は、「存在の罪」を反省的に捉え続けることの重要性を論じた。そして、人間の理性や知性を無謬のものと見なす奢りを批判し、人間の能力を超越する「絶対他力」の導きを説いた。

原発を推し進めてきた行政や電力会社には、多分にcrimeの要素が含まれている。だから原発を法的に規制し、政治的決断によって放棄することは十分に可能である。私は脱原発の方向に漸進的に進んでいくことが望ましいと考えている。しかし、原子力に関わる原理の追求を止めることは難しい。それは人間の摂理に関わる事象だからだ。「人間であることの罪」が、どうしても重くのしかかる。

私たちは科学とどう付き合っていけばいいのか。人間の原罪とどう向き合っていけばいいのか。ニュートリノ、クローン、そして原子力。

政策論だけではなく、哲学や宗教学の英知を導入して思考しなければ、出口は見えない。今こそ、根源的な思考が求められている。

■『共同通信』二〇一一年十月配信

安倍首相へ、本当に保守なのですか?

安倍首相は『文藝春秋』二〇一三年一月号に「新しい国へ」を発表し、日本のあり方を「瑞穂の国」と規定している。そして、「瑞穂の国にふさわしい資本主義」のあり方を追求すべきとして、次のように主張している。

「日本という国は古来から、朝早く起きて、汗を流して田畑を耕し、水を分かちあいながら、秋になれば天皇家を中心に五穀豊穣を祈ってきた、『瑞穂の国』であります。自立自助を基本とし、不幸にして誰かが病で倒れれば、村の人たちみんなでこれを助ける。これが日本古来の社会保障であり、日本人のDNAに組み込まれているものです。

私は瑞穂の国には、瑞穂の国にふさわしい資本主義があるのだろうと思っています。自由な競争と開かれた経済を重視しつつ、しかし、ウォール街から世間を席巻した、強欲を原動力とするような資本主義ではなく、道義を重んじ、真の豊かさを知る、瑞穂の国には瑞穂の国にふさわしい市場主義の形があります」

安倍首相は、ウォール街にはびこる強欲資本主義からの脱却を説き、「真の豊かさ」を追求する道義的資本主義こそが日本の国柄にふさわしいと主張する。

しかし、である。二〇一三年の九月、ウォール街を訪れた首相は、ニューヨーク証券取引所で演説し、「日本に帰ったら直ちに成長戦略の次なる矢を放つ。投資を喚起するため、大胆な減税を断行する」と宣言した上で、次のように言い放った。

「世界経済回復のためには三語で十分です。バイ・マイ・アベノミクス（アベノミクスは買いだ）」

「おいおい、ちょっと待ってほしい」とツッコミを入れたのは私だけではないだろう。つい九ヶ月前にはウォール街的な資本主義への強い懐疑を表明していた首相が、あろうことか当のウォール街に行って笑みを浮かべながら「バイ・マイ・アベノミクス」と言うのだから、開いた口が塞がらない。首相自らウォール街的な強欲資本主義の拡大を促してどうするのか。「是非ご自身がお書きになった『文藝春秋』一月号を読んでいただきたい」と言いたくもなる。

しかし、安倍首相は新自由主義的な構造改革路線を突っ走り、加速度的にアメリカの「強欲資本主義」へと接近する。安倍内閣が前のめりになるＴＰＰ（環太平洋パートナーシップ協定）は、ノーベル経済学賞受賞者のジョセフ・スティグリッツが的確に指摘するように、アメリカにおける特定利益集団による「管理貿易協定」である。ＴＰＰに加われば、日本の農業は高付加価値商品の生産に限定されるだろう。すると、低所得層はこの国の作物を口にできなくなる。食を通じたネイションの分断が顕在化する。「瑞穂の国」は根本的に倒壊し、日本のウォール街化が進む。

「瑞穂の国の資本主義」が重要だと言うならば、休眠資産の再活用を活発化させ、国土荒廃を防ぐ政策を採るべきだろう。地域社会の自律性（オートノミー）を支援し、コミュニティベースの相互扶助的経済を確立しなければならない。エコノミストの藻谷浩介氏はマネー資本主義から距離を取り、日本の伝統社会に眠る潜在的価値を再生させる「里山資本主義」の重要性を説いているが、こちらのほうが圧倒的に「瑞穂の国」のあり方にふさわしい。

首相は復興特別法人税の廃止の前倒しを検討し、法人税減税にも取り組みたい意向を示している。企業の利益が拡大することで労働者の賃金が上がり、消費が拡大するというのだ。しかし、残念ながら法人税減税は賃金上昇につながらない。競争の中で利益の最大化を図る多くの企業において、従業員の賃金を上げることとキャッシュフローの増加の間に、直接的な相関関係がないからだ。

企業が賃金アップを実行する動機は、利益を上げる人材の獲得、確保にある。もはや現在の企業の多くは、社員のために事業を行っているわけではない。そのため、経営者が賃金アップの対象とするのは、社員全体ではなく、特定の社員に限定される。収益の最大化に貢献する人材の獲得と、そのような人材の流出を防ぐことが、利益を賃金に振り向ける動機付けとなっている。現在の経営者の多くには、会社の利益を社員全体に還元しようという発想が乏しい。利益は、財務体質強化や将来へのストックとして内部留保に回される。

実際、二〇一三年十月のロイターの企業調査によると、復興特別法人税の前倒し廃止によるキャッシュフローを賃金に振り向ける企業は五％にとどまっている。最も多い回答は「内部留保にとどめる」で、全体の三〇％に上っている。さらに法人税を納めている企業は、現在のところ三割程度に限定されている。多くの中小企業にとって、法人税減税による直接的な利益など存在しないのだ。結果、アベノミクスの利益は、国民全体には行きわたらず、一部の富裕層に集中する。

安倍内閣は、次々にネイションを分断する政策を進める。生活保護の切り下げは、その典型である。安倍内閣は扶養義務の強化を目指している。二〇一三年六月に廃案になった生活保護法改正案では、家族・親族に「扶養しない理由」についての事実上の説明義務を課し、職場への調査を可能にしていた。

自民党が提示する政策ヴィジョン（「自助・自立を基本とした安心できる社会保障制度の構築へ」）では、「家族の助合い、すなわち『家族の力』の強化により『自助』を大事にする方向を目指す」とされ、家族の結束が強調されている。「家族の絆」や「家族による助け合い」によって「自助」を高め、生活保護費の抑制を図ろうという意図が示されている。

しかし、「扶養義務の強化」は、逆に家族の崩壊を促進してしまう可能性が高い。非正規雇用の拡大などによって、家族にはすでに余裕がない。若い世帯には、親や兄弟、親族の生活まで面倒を見る余裕などなく、「家族に頼れ」と言われても実際には難しいことが多い。そのような中、扶養義務を強化しても、家族への負担とストレスが増大するばかりで、軋轢や溝は深まってしまう。「家族の力」の強調は、「家族の崩壊」を促進してしまうのだ。

家族をなんとかして保守するためには、「自助」ばかりを強調するのではなく、適切な規模の「公助」が付与される必要がある。家族に過剰な負担が押し寄せない政策こそ、崖っ縁に立たされている家族を守ることにつながる。

生活保護政策で重要なのは、受給者を社会とつなげ、その中に包摂することである。他者との関係性を構築することによって孤独から解放し、働く意欲を引き出すことが重要になる。保守思想を重視するならば、生活保護バッシングや「家族の力」の強調によって社会を崩壊に導くよりも、「自助」の力を引き出す「共助」「公助」を進めることで、社会を再建する道を開くべきである。

具体的には、中間的就労という政策が重要になる。有効求人倍率が一％を切る中、勤労可能な受給者が、一気にフルタイムの仕事に就くことは難しい。これまでの過酷な労働の中で精神的に傷付き、即座の社会復帰が難しい状況の受給者も多い。中間的就労は、受給者の状況に応じて段階的に社会的事業への参加を促し、勤労意欲を高めていくという施策である。人とのつながりの回復によって「生きがい」や「必要とされているという実感」を獲得し、社会復帰を促進していくことが目指される。
人は、特定の社会の中で役割を果たすことによってトポス（意味ある場所）を獲得する。戦後日本の保守論壇を支えてきた福田恆存は、『人間・この劇的なるもの』（一九五六年）の中で次のように主張する。

私たちが真に求めているものは自由ではない。私たちが欲するのは、事が起こるべくして起っているということだ。そして、その中に登場して一定の役割をつとめ、なさねばならぬことをしているという実感だ。なにをしてもよく、なんでもできる状態など、私たちは欲してはいない。ある役を演じなければならず、その役を投げれば、他に支障が生じ、時間が停滞する――ほしいのは、そういう実感だ。

（福田恆存『人間・この劇的なるもの』新潮文庫、一九六〇年）

現代社会が喪失しているのは、人々の「役割」である。派遣労働の問題は、人々に代替可能性を突き付けることである。「他ならぬあなた」でなければならない理由が労働現場から剝奪され、いつでも交換可能な存在として扱われる。そのような場所では、人間のアイデンティティは確立されない。

新自由主義は、保守思想と相容れない。困っている国民には全力で支援の手を差し伸べるのがパトリオット（愛国者）の使命であり、同胞愛に基づく再配分の充実化、セーフティネットの強化を図るのが、保守政治家の責務である。社会における安定性の確保こそが、健全な活力を生み出す。

安倍首相には、是非とも保守政治家の王道を歩んでいただきたいと思うが、難しいだろう。今の路線を突き進めば、日本の伝統に基づく安定的秩序や基盤を崩壊させた革新主義的破壊者として歴史に名を刻むことになるだろう。

■『文藝春秋』文藝春秋・二〇一三年十二月号・二〇一三年十一月九日

郵便はがき

恐縮ですが、切手を貼ってお出し下さい

177-0041

東京都練馬区

石神井町 7-24-17

株式会社スタンド・ブックス　行

お買い上げになった本のタイトル

お名前

様

性別

年齢

歳

ご住所　〒

お電話

e-mail

ご職業

ご記入いただいた個人情報はアンケート収集ほか、スタンド・ブックスからお客様宛の情報発信に使わせていただきます。情報を希望されない方は以下にチェックを入れてください。

□スタンド・ブックスからの情報を希望しない。

本書をお買い求めの書店

本書をお買い求めになったきっかけ

本書について、また今後の出版についてのご意見・ご要望をお書きください。

ご投稿いただいた感想は、宣伝・広告の目的で使用させていただくことがございます。
あらかじめご了承ください。

ネオコンに対抗するリベラル保守

自民党のネオコン（新保守主義）化が止まらない。「解雇特区の検討」や「生活保護の切り下げ」は、セーフティネットの充実よりも自己責任の領域を拡大したいという社会観が反映している。日米安保強化による中国への牽制や集団的自衛権行使への意欲的姿勢、修正主義的な歴史認識に基づく発言などからは、タカ派的な価値観の強化がうかがえる。リスクの個人化とパターナルな価値観を拡大させる現在の自民党は、果たして保守政党の王道を歩んでいると言えるのか。

そもそも保守思想とは、いかなる特質を持っているのか。エドマンド・バークをはじめとする保守思想家が共有するのは、懐疑主義的な人間観である。人間は道徳的にも能力的にも不完全な存在である。人間は「罪」や「悪」から完全に解放されることはなく、完全な社会を作り上げることもできない。保守は理性の限界を理性的に把握する。理性はいかなる時代においても無謬の存在ではない。人はいかに合理的に行動しようとしても、過ちや失敗を繰り返す。社会では想定外のことが起こり続ける。すべてを理知的に把握することなどできない。

そのため、保守は理性を超えた存在の中に英知を見いだす。それは伝統、慣習、良識などであり、歴史の風雪に耐えてきた社会的経験知である。この集合的な存在に依拠しながら、時代の変化に対応するかたちで漸進的に改革を進めるのが保守の態度である。

保守は革命のような急進的変化を嫌う。なぜならば、ラディカルで極端なものの中には、必ず理性への過信が含まれているからである。保守は理性への驕《おご》りを戒め、歴史の潜在的英知に依拠しながらグラジュアルな変化を進めようとする。保守は抜本的改革を推奨するのではなく、あくまでも「保守するための改革」を推進するのだ。この態度は、老舗名店の姿勢に現れている。活気ある老舗は、反動的ではない。彼らは先祖から受け継いできた技術を継承しつつ、その伝統の中から新しい商品を生み出していく。伝統を捨て、ゼロから新しいモノを作るのではない。新しいように見えるモノの中に、しっかりと歴史が息づいているのだ。

そのため、保守は「構造改革」への懐疑の念を持ち続ける。この国が歴史的に形成してきた「構造」を抜本的に改造しようとする外科手術に対して、保守は慎重に待ったをかける。根を抜かれた木が、やがて枯れることを知っているからだ。

社会が持続していくためには、スタビリティ（安定性）が不可欠である。人々は当面の間、安定的な生活基盤が奪われないという安心感によって、漸進的改革への意欲を持つ。真の活気は、明日がどうなるかわからないという不安に基づく過当競争よりも、一定の見通しの立つ安心感によって形成される。スタビリティこそが、サステナビリティ（持続可能性）を担保する。

そのため、保守は行きすぎた格差の拡大を阻止しようとする。国家は適切な再配分を行い、セーフティネットを充実させる。社会に安心感を広め、秩序を安定させることによって活力あるチャレンジを引き出そうとする。

サーカスにおいて、新米の曲芸師が綱渡りに挑戦するためには、ネットとバランシング・バーが必要不可欠である。落下に備えたネットは社会保険や公的扶助といった社会制度であり、平衡感覚を保つためのバーは伝統である。リスクの個人化を進める構造改革は、ネットとバーを奪った上で綱渡りを強要するリスキーな施策である。当然、社会不安は拡大し、活力やサステナビリティは失われる。

保守は「大きすぎる政府」も「小さすぎる政府」も否定する。社会主義のような「大きすぎる政府」では、人々の自発性が奪われ、社会が弛緩する。一方で「小さすぎる政府」では、安定性や安心感が失われ、秩序が崩壊する。そのため、保守は「中ぐらいの政府」「バランスの取れた政府」を目指す。人々から健全な活力を引き出すためには、安定と競争のバランスが取れていなければならない。保守は、このバランス感覚を歴史的な経験知から摂取し、現実社会に応用していく。

現在の日本は、ＯＥＣＤ（経済協力開発機構）諸国の中で有数の「小さすぎる政府」になっている。租税負担率は最低レベルであり、一般政府総支出も最低レベルである。対人口比の公務員数も、同じく最低レベルだ。今、日本が手を付けなければならない政策は、減税を繰り返してきた過去二十年間の改革の歪みを是正し、バランスの良い増税と累進課税の強化を進めることである。そこでできた財源により、セーフティネットを整え、リスクの社会化を進めていく必要がある。国土強靭化政策も公共事業の増大に偏向せず、非正規公務員の正規化など人的資源の強化へと向けなければならない。

保守の本質は、独断的に「グレートリセット」を進めたり、設計主義的な「ソーシャルプランニング」を断行したりする姿勢にあるのではない。保守は、議論を重視する。価値の葛藤に堪えながら合意形成するプロセスにこそ、社会を安定的に持続していく英知が潜んでいると考えるからである。そして、議論が正常に機能するためには、歴史的に形成された会話の作法、ルール、エチケットが重要であることを静かに踏まえる。

そのため、保守はリベラル・マインドを共有する。リベラルの本義は「寛容」である。多様な価値観を認めつつ、合意可能な均衡点を探求することこそ保守の醍醐味である。

「リスクの個人化（自己責任化）」と「パターナルな決断主義」に傾斜するネオコン自民党に対して、「リスクの社会化（セーフティネットの強化）」と「リベラルな対話重視」に重きを置くリベラル保守勢力の確立が喫緊の課題である。「リベラル保守」と「社民主義」が連携し、自民党に対するオルタナティブな政治勢力を結集していくことが、今の日本には必要である。

■『文藝春秋　オピニオン２０１４年の論点１００』文藝春秋・二〇一三年十一月十三日

空気と忖度のポリティクス――問題は私たちの内側に存在する

出版中止騒動

拙著の出版をめぐって起こった騒動から話を始めたい。

二〇一三年六月、私は新潮社から『「リベラル保守」宣言』という書籍を出版した。この原稿は、数年間にわたって雑誌『表現者』に連載された「私の保守思想」という連載を中心に、既出の論考を再編集するかたちでまとめたものだった。

そもそも本書は、NTT出版から出版される予定で編集作業が進行していた。『表現者』の連載を読んだ担当編集者のIさんから出版を提案され、引き受けたものだった。二〇一二年の夏頃には一冊の分量になる原稿がたまったため、書籍化の作業が始まった。私は目次案を作成し、一部、加筆をするかたちで原稿をまとめIさんに送信した。

当初の予定よりも若干の遅れが生じたものの、作業は順調に進み、装丁、本文組みも完成した。私はゲラに赤を入れ、Iさんに戻した。出版の日程も決定し、あとは最後のチェックのみを残す段階となった。

しかし、である。

突然、Iさんの様子がおかしくなった。ある日、装丁家を交えた打ち合わせを終えた後、ふたりだけで話したいことがあると伝えられた。その日のうちに別の場所で会うと、彼は突然、「第三章に手を入れてほしい」と言い始めた。第三章は、橋下徹氏と日本維新の会を批判的に論じた章である。この章の記述が社内で問題になり、修正を要請することになったというのだ。

私は何か自分の記述に瑕疵《かし》があったのかと思い、尋ねた。するとIさんは「NTT出版は、公共的な親会社の下にあるため、特定の政治家や政党に対する批判を出すことが問題になるんです」と答えた。そして、「内容を変えていただく必要は一切ないので、章のタイトルから橋下徹氏の名前と政党名をとり、章の冒頭部分を一見すると、橋下氏への批判とはわからないように大幅に加筆してほしい」と懇願された。

私は「それは難しい」と拒否した。第三章はすでに以前に『表現者』に掲載した論考であり、編集者も書籍をまとめる前から既知の内容だった。目次作成から編集のプロセスでも一切問題になることなく、時間が限られた最終段階での要請だったため、私は心底、戸惑った。

Iさんは「どうしてもお願いします」との一点張りだった。そして、「内容に問題があるというのではなく、会社の方針なんです」と強調し、修正と加筆を迫った。

私は「内容は一切変えるつもりはなく、大幅な加筆は難しい」と伝えた上で、自分が納得できる範囲で検討してみることを承諾した。そして、数日後、章のタイトルを「革新を叫ぶ保守への懐疑」と変更し、数行の文章を冒頭部分に加筆するかたちでゲラを送った。そして、これが精一杯できる妥協の範囲であることを伝えた。

すると、Iさんから連絡が入った。今度は「どうしても上司と会ってほしい」という。嫌な予感がした。

私は東京出張の折、指定された場所に赴いた。そこにはIさんと共に上司のSさんがいた。Sさんは「三章をすべて削除してほしい」という。さらに本文中にある橋下氏に対する批判箇所をすべてカットしてほしいとも要請した。

Sさんは私の橋下批判の内容が問題なのではないという。自分も考え方には大賛成で、このような言論こそ重要だと思うという。しかし、NTT出版という会社の性格上、特定の政治家、政党に対する批判を出版することは難しいという。

私はSさんの要請を受け入れることはできないと言った。当然である。このような要望を簡単に受け入れていては言論など成り立たない。言論人として失格である。数ヶ月間の作業が無駄になることは残念だったが、やむを得ないと思った。結局、互いに折り合うことができず、NTT出版からの刊行は見送ることにした。「先生のお書きになるものは素晴らしいと思っていますので、別の書籍で是非ご一緒させてください」とSさんから言われたが、もちろん「このような出版社から本を出すわけにはいかない」と答え、話し合いは終わった。

途中、私は出版の基準について尋ねた。NTT出版からは特定の政治家、政党に対する批判を含む書籍が出ている。しかも、それは数十年も前の話ではなく、つい最近、刊行されたばかりのものである。そこには民主党政権に対する厳しい批判があり、特定の政治家が名指しで批判されていた。

私はそのことを尋ねた。するとSさんはしばらく沈黙し、苦しまぎれに「あれは特定の政治家、政党批判ではなく、背景にある社会に対する批判なので問題ない」と言った。「では、どのような表現が政治家批判で、どのような表現が政治家批判に当たらないのか、基準を教えてほしい」と尋ねると、「そのような基準はありません」と言ったまま、黙ってしまった。さらに「なぜ民主党の政治家に対する批判は問題なく出版できて、橋下氏に対する批判は問題になるのか」と尋ねると、無言のまま答えなかった。

この当時、橋下氏をめぐっては、ある問題が話題になっていた。それは佐野眞一氏が『週刊朝日』に掲載した連載（二〇一二年十月）についてである。この連載は橋下氏の出自に対する差別的表現が含まれており、社会問題化した。橋下氏は『週刊朝日』を発行する朝日新聞出版を批判すると共に、親会社の朝日新聞社の責任を追及した。結果、連載は中止に追い込まれ、更迭人事と謝罪掲載が行われた。

私はSさんの「忖度」を嗅ぎ取った。当時、橋下氏は政治家として絶頂期を迎えていた。私は橋下氏とテレビ番組で何度か討論し、橋下氏からツイッター上で再三にわたって「バカ学者」「バカコメンテーター」と罵詈雑言を浴びせられていた。橋下氏に対して世論の追い風が吹いていた。

そんな矢先の『週刊朝日』騒動だった。橋下氏の親会社に対するプレッシャーは効果的で、『週刊朝日』編集部は実質的に崩壊した。Sさんは、このような空気を忖度したのである。

私は、Sさんにこの点を率直に指摘した。Sさんはしどろもどろだった。答えに詰まると「社内の規則だ」の一点張りだったが、「では、なぜ民主党批判は問題ないのか」と尋ねると、答えに詰まる。結局、「今、Sさんの中で起きている過剰忖度こそが、私の批判する橋下現象そのものだ」と伝え、話を打ち切った。

続発する忖度

権力は多くの場合、直接的な介入によって行使されるのではなく、現場の勝手な忖度によって最大化する。特に、バッシングを繰り返す独断的な政治家とそれを支持する運動が結びついた時、忖度は加速する。

近年、この現象はじわじわと拡大している。

『街場の憂国会議』（本稿掲載）の執筆者のひとりでもある想田和弘監督をめぐって、二〇一三年夏に千代田区立日比谷図書文化館での作品上映が中止に追い込まれそうになった。

この夏は、参議院選挙があった。想田氏の代表作のひとつは、ドキュメンタリー映画『選挙』（二〇〇七年）である。参議院選挙前だからこそ選挙のあり方を考えるべきではないかという問いから、『選挙』の上映会が企画され、千代田区立図書館の指定管理者「図書館流通センター」との間でイベントの話がまとまった。上映は「東風」と「図書館流通センター」の共催事業となり、七月二日の開催が決定した。

しかし、六月下旬になって、急にセンター側から上映中止の通告がなされた。想田監督が抗議すると、センター側は千代田区・区民生活部図書文化資源課からの懸念が表明され、中止の決定を行ったと回答した。

想田監督は、その時、センター側が説明した千代田区の懸念を、次のように要約している。「参院選の前にセンシティブな内容の映画を上映することは難しいところがある。怖い。映画が選挙制度そのものについて一石を投じる内容になってしまっている。議論が起きること自体が好ましくない。過去に苦情等のトラブルが生じたこともある」（『観察映画の周辺 Blog by Kazuhiro Soda』二〇一三年七月一日「公開質問状と上映後トークへの参加要請、そして抗議文」）

千代田区の担当者は、指定管理会社に対して中止要請は行っていないという。しかし、指定管理者は、運営契約の権限を区側に握られている。トラブルを起こすと、次回以降の契約に支障が生じる。

そのため、区側から懸念が示された段階で、独自に中止を決定した。想田監督が「中止の経緯を公表する」と抗議すると、センターは参院選後の開催を持ちかけた。しかし、「選挙前だからこそ映画を観て語りたい」と拒否すると、「共催」ではなく、東風の単独主催で上映することになった。当初は上映料・謝礼を千代田区立図書館が東風に払うことになっていたが、逆に会場使用料とチラシ刷り直し費用などを東風が負担することになった。

ここで起こったことは、忖度の連鎖である。このイベントは、指定管理会社のスタッフからの提案で企画が始まった。千代田区立図書館で働く「図書館流通センター」のスタッフは、想田監督との上映会に積極的な意義を見いだしていた。しかし、区の担当者からの懸念によって、一転して中止を決定した。区側は中止の勧告を出していない。あくまでも「公平中立な立場を取るべき指定管理者が主体的に開催する事業としてふさわしいかどうかについて確認」しただけであって、「本作品について内容的に問題があるというスタンスで臨んだものではなく、中止要請も行っておりません」（千代田区ホームページ二〇一三年七月二日付「千代田区立日比谷図書文化館における映画『選挙』上映会に関する区の対応について」）としている。

しかし、指定管理会社は契約に関する権限を区側に握られている。立場は弱い。区側は世の中からの抗議・苦情を忖度し、指定管理会社は区からの契約問題を忖度する。結果、誰も中止を求めていないにもかかわらず、最悪の中止要請という結論が下される。ひとりの映画監督の表現の自由が侵害される。

ここで留意したいことは、区側が懸念を表明した時点で、どこからも上映会に対する抗議など届いていないということである。もちろん政権与党などからの直接的介入など存在しない。そこにあるのは忖度の連鎖という作用のみだ。

このような事象は、連鎖する。

二〇一四年三月二日の神戸新聞が報じたところによると、憲法記念日に神戸市内で開催予定の「憲法集会」（神戸憲法集会実行委員会主催）について、神戸市と同市教育委員会が実行委員会からの後援依頼を拒否したという。登壇者は『街場の憂国会議』の編者・内田樹氏。神戸市はこれまでの憲法集会は後援していたにもかかわらず、今回は「政治的中立性を損なう恐れがある」として拒否した。

神戸市はなぜ従来の姿勢を放棄し、今回から後援依頼をはねつけたのか。

神戸市教育委員会からの回答には、「昨今の社会情勢を鑑み」という文言が含まれている。彼らの思いははっきりしている。抗議を恐れ、世論を忖度したのである。

この集会の予定について、報道以前に神戸市に抗議が殺到していたという事実はない。市職員や教育委員会が、存在しない抗議を忖度し、勝手に自主規制したのである。もちろん政権与党からの権力的介入など存在しない。

二〇一四年二月には東京都美術館で特定の作品に対する撤去要請が問題となった。「現代日本彫刻作家連盟」の定期展として展示した中垣克久氏の作品「時代《とき》の肖像——絶滅危惧種」が特定の政治的主張を行っているとして、美術館側から作品の撤去や手直しを求められた。作品には特定秘密保護法の新聞の切り抜きが配置され、「憲法九条を守り、靖国神社参拝の愚を認め、現政権の右傾化を阻止」と書いた紙が貼られていた。美術館の小室明子副館長は東京新聞の取材に対して、「こういう考えを美術館として認めるのか、とクレームがつくことが心配だった」（『東京新聞』二〇一四年二月十九日）と話している。もちろんこの時点でクレームは存在しない。関係者が勝手に「心配」しただけである。ちなみに、美術館の運営は東京都歴史文化財団、都の指定管理者である。

森達也『放送禁止歌』

人々は存在しない抗議に怯え、自主規制を繰り返す。忖度は権力に対する批判的チェックの役割を担うメディアの内部においても誘発される。

この問題に鋭く切り込んだのが、森達也氏の『放送禁止歌』(二〇〇〇年)である。一九六〇年代から七〇年代にかけてのフォークソングブームの中、岡林信康「手紙」(一九六九年)、赤い鳥「竹田の子守唄」(一九七一年)、泉谷しげる「戦争小唄」(一九七一年)などが放送禁止歌とされた。森は、これらの歌が放送されなくなった背景に迫り、誰が規制したのかを追求する。

森は当初、規制の背景にクレームが存在すると考えた。しかし、「悲惨な戦い」(一九七三年)が放送禁止となったなぎら健壱にインタビューをすると、意外な答えが返ってきた。「悲惨な戦い」はマワシが取れた相撲力士をコミカルに歌った曲である。当然、日本相撲協会からのクレームがあり、放送禁止となったのだろうと考え、その点を尋ねると、なぎらは意外な答えを返した。「クレーム? ありません。自主規制です」(森達也『放送禁止歌』光文社知恵の森文庫、二〇〇三年)

森は、不意を突かれる。彼の思い込みは崩壊し、混乱する。なぎらはそんな森にたたみ掛ける。「あなただけじゃないよ。みんな、そう思い込んでいるみたいですね。でも事実は違うんだよ。要するに、クレームが実際につく前に、クレームが後々つくかもしれないから規制してしまおう。ヤバそうだから蓋をしてしまおう。そういう感覚なんですよね」(同書)

「自衛隊に入ろう」(一九六九年)が放送禁止歌とされた高田渡にもインタビューした。答えは同様。本人に対するクレームなどまったく存在しない。放送禁止とされた理由もわからない。自衛隊にはアイロニーが理解されず、逆に喜ばれたという。

森は民放連を取材する。民放連が一九五九年に発足させた「要注意歌謡曲指定制度」が放送禁止の制度的根拠とされるからだ。しかし、当事者に取材すると、放送するか否かの決定は、あくまでも各放送局に委ねられているという。民放連に強制力はない。ペナルティも存在しない。しかも一九八三年以降、要注意歌謡曲という一覧は作成されていない。「放送禁止歌なる概念は現存していない」。しかも、過去に作成された一覧には、放送禁止歌とされた「手紙」や「自衛隊に入ろう」、「イムジン河」（ザ・フォーク・クルセダーズ、一九六八年）、「竹田の子守唄」などは、記載がない。制度上、そもそも「要注意歌謡曲」に指定されたことがないのだ。

にもかかわらず、放送禁止というコードが独り歩きし、アーティストが葬られる。「放送禁止歌はどこにも存在などしていなかった」。犯人は誰なのか。

放送局の担当者に取材すると、特定の団体からのクレームが背景にあったという。特に部落解放同盟からの抗議を恐れていたという。しかし、部落解放同盟に取材しても、抗議の事実は存在しない。「手紙」などは「いい歌だ」と思っていたとの答えが返ってくる。

規制の主体を探し求めても、見つからない。明確な犯人など存在しない。

森は規制の本質を「僕たち個々の内にある」と考え始める。メディアの中にいる人間が勝手な忖度を繰り返し、密かに自主規制を繰り返すことで、存在しないコードが顕在化される。そして、それは視聴者も同様である。放送禁止というタブーは、空気によって醸成される。

「政治が悪い。メディアも悪い。でもその根源は、徹頭徹尾、僕たちなのだ」(同書)

山本七平『「空気」の研究』

空気を読む——。

この問題は、大東亜戦争の問題に帰結する。

戦後日本を代表する保守論客の山本七平は、日本人を拘束し、絶対権威として力をふるう「空気」を論じる。

山本は言う。


以前から私は、この「空気」という言葉が少々気にはなっていた。そして気になり出すと、この言葉は一つの〝絶対の権威〟の如くに至る所に顔を出して、驚くべき力を振っているのに気づく。「ああいう決定になったことに非難はあるが、当時の会議の空気では……」「議場のあのときの空気からいって……」「あのころの社会全般の空気も知らずに批判されても……」「その場の空気も知らずに偉そうなことを言うな」「その場の空気は私が予想したものと全く違っていた」等々、至る所で人びとは、何かの最終決定者は「人でなく空気」である、と言っている。

（山本七平『空気の研究』文春文庫、一九八三年＊単行本、一九七七年）

山本は戦艦大和の特攻出撃の決定プロセスを検討する。出撃を無謀と考える人たちは、細かいデータで根拠を示し、作戦を阻止しようとする。しかし、出撃を当然とする人たちはデータの裏付けがなく、正当性の根拠は空気に委ねられる。議論は、最終的に空気によって決められる。「最終的決定を下し、『そうせざるを得なくしている』力をもっているのは一に『空気』であって、それ以外にない」（同書）

問題は、空気による決定を下した人たちは、立派な専門家であったという点である。ここには素人の意見は介在していない。彼らはアメリカの実力を熟知するベテランのエリート集団である。無知や不見識、情報不足が問題なのではない。そのような知見を超えた所に、空気による決定が存在するのだ。

戦艦大和の出撃などは、〝空気〟決定のほんの一例にすぎず、太平洋戦争そのものが、否、

その前の日華事変の発端と対処の仕方が、すべて〝空気〟決定なのである。（同書）

山本は、空気の支配に対して「水を差す」ことの重要性を訴える。彼は「水」を「通常性」と捉え、熱狂に抗する存在として集合的経験則を対置させる。人々を現実に引き戻す「水」によって支配的な「空気」は一瞬で崩壊する。重要なのは人々の熱を冷ます「水」である。

池島信平の叫び

戦後日本を代表する編集者のひとりで、文藝春秋の第三代社長を務めた池島信平は自伝『雑誌記者』（一九五八年）を残している。

池島は、終戦間近の一九四五年五月一日、雑司が谷にあった菊池寛の家で赤紙を受け取った。即座に海軍に入隊させられ、横須賀に二週間滞在した後、北海道に送られた。そして、千歳第二基地の滑走路造りに投入され、終戦まで工事に携わった。

池島は海軍に入ってすぐに、ひどい体罰の現場を目撃した。それに心底憤った彼は、「こんな軍隊なら早く消えてなくなれ」と思い、「こんなバカバカしい軍隊の一員として戦争で死んでは犬死」なので、「万難を排して生きて帰ろう、と心に誓った」。

池島は「自由な精神と表現」を、生涯、一貫して尊重した。そして、それを抑圧する全体主義や軍国主義を、心の底から嫌った。一九三〇年代後半には、「ファシズムの跫音《あしおと》」に恐怖を感じながらも、時局に便乗する同僚には毅然と抵抗した。

国体明徴といい、天皇への帰一といい、現代ほどこれが強く意識的に強行されている時代はない。日本の歴史を冷静に読んで見給え。（池島信平『雑誌記者』中公文庫、一九七七年）

しかし、時代は「右へ、右へと動き」、ついには「筋道の通った考えが通らな」くなった。「問答無用の強権が支配」し、熱狂が社会全体を覆った。池島は、次第にそのような時代に埋没して行った。

戦後、北海道から東京に戻った池島は、文藝春秋の再建に奔走する。荒れ果てた社屋、粗悪な紙、資金不足など様々な困難が立ちはだかっていたにもかかわらず、彼は嬉しくて、たまらなかったという。

雑誌がつくれる、これから自分の思うままの雑誌をつくることができる（中略）『文藝春秋』を編集することができる（同書）

雑誌『文藝春秋』は、十月号から復活した。本文は、広告を入れても、たった三十二ページしかない。表紙も普通の印刷用紙。それでも誌面には、池島の情熱があふれていた。しかし、そのような池島の意気込みの前に現れたのは、節操のない日本人の群れだった。昨日まで戦争に熱狂していた人々が、今度は一転して平和主義者の顔付きをし、天皇を罵倒する。これまでの空気が別の空気に変わっただけで、空気の支配は変わらない。彼はこのような日本人に激しい嫌悪感を抱き、その薄汚い精神を正さなければならないと誓う。

きのうまで神州不滅とか、天皇帰一とか、夢のようなことをいっていた連中が、一夜にして日本を四等国と罵り、天皇をヒロヒトと呼びすてにしている。にがにがしいと思った。よろしい、みなさんがその料簡なら、こちらは反動ではないが、これからは、保守派でゆきましょうと思った。（中略）とにかく、メチャクチャの精神的混乱であった。人心の軽薄にして恃《たの》むべからざることを知るとともに、わたくしは当時、一種の無常感に陥ったことを告白しなければならない。（同書）

池島は、この年の『文藝春秋』十二月号の巻頭文を、オールドリベラリストの長谷川如是閑に依頼する。そして、「敗けに乗じる」というエッセイを受け取り、それを堂々と掲載する。この論考は「われわれ日本人には物事に乗じて、無批判に猪突猛進する傾向がある」ことをいさめる内容で、池島は「何度も心に肯」きながら原稿の校正を行った。

池島は言う。

当時（戦前—引用者）の言論の急変化に対して、私はいまでも自責と無力感をもたざるを得ないが、もしこの勢力が外部だけであったならば、われわれはもっと強くこれに対して反撥できたであろう。しかし内部からくる、なんともいえない陰惨な暗い影に対しては、自分ではどうにもできず、ただやりきれなさのみが残って、これと正しく闘うということができなくなってしまったことを正直に告白しなければならない。時代がいよいよ右翼になると、これらの人達はいよいよ右に偏って行った。いうことはいよいよ支離滅裂であるが、熱情はいよいよ強く、熱情のみによって、むしろあらゆることがジャスティファイされるような印象さえ与えるようになった。（中略）

これからのちにどのような時代がくるかわからないが、われわれ古い編集者が、懺悔とともにこれからの若い編集者にいい得ることは、もし将来、再び暗い時代が来た時、敵は外にあると同時に、もっと強く内部にあると覚悟してもらいたいことである。（同書）

池島は、常に空気を疑った。彼は空気に乗じ、熱狂を煽る人間への不信を表明した。空気に抗い続けた池島は、戦中には偏狭な国家主義者に抵抗し、戦後は浮ついた戦後民主主義者に噛みついた。池島にとって、戦前の国家主義と戦後の民主主義は連続していた。彼は軽薄な熱情に異議を唱え続け、「にがにがしい思い」を原動力に出版活動を続けた。

戦後の保守論壇を支えた山本七平と池島信平は、時代を支配する空気に対して水を差すことを信条とした人間だった。今の保守論壇は、彼らの気概を継承しているだろうか。むしろ、軽薄な熱狂を煽る側に立っているのではないだろうか。

佐村河内問題と後出しジャンケン

日本において空気の存在は「絶対権威」である。水になることには強い意志が必要となる。

二〇一四年初頭に大きな話題となったのが佐村河内守氏のゴーストライター問題だった。嘘で塗り固められた虚像は、「現代のベートーベン」と称賛され、ＣＤはクラシック音楽としては異例のセールスを記録した。

もちろん佐村河内氏は酷い。もし、難聴についても偽装していたのだとすれば、許されない行為だろう。ただし、どんな時代でも醜悪な偽物は存在する。その手口が巧妙であれば、人々は騙される。特に感動的なエピソードが先行していると、疑心は消え、物語に飲み込まれやすくなる。

騙された人をあげつらうつもりはない。私自身は佐村河内氏のことを騒動後に知ったため、NHKの番組も観ていなかったが、もし観ていたらまんまと騙されたかもしれないなと思う。

ここで問題にしたいのは、騒動後に「自分は怪しいと思っていた」と言い出す人たちである。『朝日新聞』は二〇一四年二月十一日朝刊で「偽りの『物語』、感動生む『装置』に　佐村河内氏問題への自戒」という記事を掲載した。ここで記者は、取材中に彼に対して「かすかな違和感を覚え始めていた」という。彼が障害のある子どもたちとの交流をメールで報告してくるようになったことが原因だという。しかし、記者は佐村河内氏を賞賛するインタビュー記事を書いた。そして、ゴーストライターの発覚後、取材当時から違和感を覚えていたと表明した。

「後出しジャンケンはズルい」などと言いたいのではない。この人たちは「実はおかしいと思っていた」と得意気に言って見せることで、大変な告白をしていることに気づいていない。彼ら、彼女らは「自分は変だと思っていても、感動に迎合して報道する人間だ」と表明しているのである。

騙された人間は、騙されたことを反省すればいい。しかし、したり顔で「後出しジャンケン」

をする人間には今後、注意しなければならない。彼ら、彼女らは、おかしいと思っていても沈黙したり、空気に便乗したりする人間だからだ。この人たちに言論を任せる訳にはいかない。

全体主義は感動を伴って蔓延する。大衆社会とメディアが一体化して感動を煽り、抗いがたい空気を作り出す。ジャーナリストや言論人は、これに対して水を差さなければならない。しかし、メディアは空気に便乗する。空気の支配を先導し、助長する。

佐村河内問題で問われているのは、偽物の醜態よりも、メディアや言論人の醜態である。しかし、佐村河内氏の記者会見後、テレビは嘲笑することに熱狂した。そして、聴覚障碍者への偏見を助長する番組を流し、自らを省みることはなかった。

これまでの感動を支えていた空気は、バッシングという空気に一変した。しかし、空気の内容は変化しても、空気の支配は変わらない。空気を煽った人間が、次の空気に巧みに乗り換える。そして「後出しジャンケン」をする。

全体主義を支える人間は、このような人間にほかならない。

安倍首相の靖国参拝と『永遠の0』

巧妙で臆病な人間は、空気を忖度する。そして、忖度は連鎖する。

空気は感動を伴って蔓延する。これに水を差すことには勇気がいる。オリンピック東京開催に違和感を表明すると、即座にバッシングの対象となる。ＳＴＡＰ細胞の大々的な発見報道（二〇一四年）に対して「生命倫理上の問題は存在しないのか」と指摘すると「水を差すな」と叩かれ、論文内容が怪しまれ始めると、一転して研究発表者に対する攻撃一色となる。

感動とバッシングは、コインの裏表の関係である。そして、両者は空気の構成要素として、強固な力を発揮する。

安倍首相の口からは、バッシングと共に「感動」というタームが頻出する。彼は作家の百田尚樹氏と雑誌『ＷｉＬＬ』誌上で何度も対談を行っているが、そこで百田氏の『永遠の０《ゼロ》』（二〇〇六年）を「感動作」を絶賛し、他者のために命を捨てる尊さこそ百田作品の主題と言及している。そして、靖国参拝について次のような対話を行っている。

百田　歴史ということで言えば、やはり靖國神社についても伺いたいのですが、ここはもう私の願いだけを申し上げますと、私は安倍総理に是非とも参拝していただきたいと願っています。

安倍　これは一年前の百田さんとの対談時にも申し上げたとおりですが、第一次安倍内閣のとき、総理在任中に靖國神社へ参拝できなかったことは痛恨の極みでありました。

その想いはいまも全く変わっていません。国のために尊い命を捧げた英霊に手を合わせ、ご冥福をお祈りし、尊崇の念を表するのは当然のことであると思います。そのことに対して、隣国からやめろといわれる筋合いもありませんし、非難されるいわれも全くありません。

（安倍晋三、百田尚樹『日本よ、世界の真ん中で咲き誇れ』ＷＡＣ、二〇一三年）

この対談は、二〇一三年十二月二十六日の靖国参拝の前に行われている。安倍首相は参拝後、次のような談話を発表した。

「今の日本の平和と繁栄は、今を生きる人だけで成り立っているわけではありません。愛する妻や子どもたちの幸せを祈り、育ててくれた父や母を思いながら、戦場に倒れたたくさんの方々。その尊い犠牲の上に、私たちの平和と繁栄があります。／今日は、そのことに改めて思いを致し、心からの敬意と感謝の念を持って、参拝いたしました」

この談話は、百田氏との対談の延長上に位置付けることができる。映画『永遠の０』は安倍氏の靖国参拝の五日前に劇場公開された。特攻隊の死を描いた「感動」の物語が話題になる中、靖国参拝は行われたのである。安倍首相は十二月三十一日に東京・六本木の映画館で公開中の映画『永遠の０』を鑑賞し、記者に対して「感動しました」と答えた。印象に残った場面を問われると、数秒間沈黙し、声を絞り出すように「やっぱり、ラストシーンですかね……」と語ったという。

百田氏は安倍首相の指名により、二〇一三年十一月にＮＨＫ経営委員に就任する。そして、委員会（二〇一四年一月十四日）で次のような発言を行ったと報道されている。

「歴史的課題を含めて今の日本が直面している色々な課題について知らせる番組があればいいのではないか。たとえば尖閣や竹島問題、または靖国神社についての極東軍事裁判や在日朝鮮人・韓国人に関することなど色々な意見がある渦中に、多くの人が自身の考えを持つだけで知識を得る機会がないのが現実だ。公共放送として日本が抱いている色々な問題や歴史について最低限の知識を伝える番組があってもいいのではないだろうか…」

ＮＨＫ経営委員は、ＮＨＫが制作する番組内容に介入してはならない。しかし、この発言は、希望する番組内容に踏み込んでいる。二〇一四年二月に行われた東京都知事選挙では、田母神俊雄氏以外の候補を「人間のくずみたいなもの」と発言し、物議をかもした。新任の籾井勝人会長（当時）は「政府が『右』と言っているのに我々が『左』と言うわけにはいかない」と発言している。百田氏の発する「感動」と「バッシング」を、ＮＨＫ職員はどのように捉えるだろうか。

ＮＨＫの番組制作の現場にいる人間は、空気を読んではならない。勝手な忖度を加速させてはならない。同じことを繰り返し言いたい。権力の発動は、直接的な介入によって行われるのではなく、勝手な忖度によって最大化する。問題は現場の人間の内側に存在する。個人が心がけるべきは、自己に宿った臆病に屈しないことである。空気を読まないことである。

今後、言論は益々萎縮して行くだろう。過剰忖度によって、言論の自由が侵され続けるだろう。しかし、私たちにできることは、常に自己を客体視し、忖度する内面に敏感になることである。そして、他者による忖度に直面した時、その力に屈しないことである。

全体主義は、大衆の熱狂によって蔓延する。長いものに巻かれてはならない。迎合してはならない。

問われているのは、戦時中に竹槍戦術が施行されている時、「それはB-29には届かない」と言えるかどうかである。いつの時代も、醒めた人間の常識こそが、水を差す力となる。
■内田樹編『街場の憂国会議 日本はこれからどうなるのか』晶文社・二〇一四年五月十日

世界によって私が変えられないために

衆議院選挙（二〇一四年十二月十四日施行）は戦後最低の投票率だった。「どうせ自分が投票に行っても、何も変わらない」。そう多くの人は思ったのだろう。実際、私たちひとりの力はちっぽけだ。私の一票は、小さくむなしい。

「あなたの行動がほとんど無意味であったとしても、それでもあなたはしなくてはならない。それは世界を変えるためではなく、世界によって自分が変えられないようにするためである」

そんなことを言った人がいた。インド独立の父マハトマ・ガンディーである。

一九二〇年代、インド独立運動は停滞した。ヒンドゥー教徒とイスラーム教徒の争いが激化し、国民が分裂状態に陥った。インドを支配するイギリスはこの対立を利用し、統治を優位に進めようとした。一九二〇年代後半になると、このままではいけないと考えた新世代のリーダーが立ち上がり、国民の団結を訴えた。イギリスへの服従から脱却し、完全独立を勝ち取るための行動を呼びかけた。

これが功を奏し、独立運動は息を吹き返した。若手のリーダーたちはガンディーの下に駆け付けた。そして、独立運動の先頭に立ち、国民を鼓舞してほしいと要請した。

ガンディーは静かに口を開き、ひとつの提案を行った。

「海岸まで歩いて行き、塩をつくろう」

リーダーたちは頭を抱えた。せっかく独立運動の機運が高まる中、なぜ「塩をつくる」ことに固執するか理解できなかったからだ。しかも三百八十キロほどの道のりを歩いていくという。確かに塩を専売とするイギリスの政策には問題があった。しかし、今はそれどころではなく、もっと大きな運動を統率してほしいというのが若手指導者たちの思いだった。

いくら説得してもガンディーは聞く耳を持たなかった。塩をつくりに行くと言ってきかない。結局、ガンディーはわずかな従者を連れ、半裸の姿で歩き始めた。ガンディーは道すがら民衆に語りかけた。そして祈り、行動することを促した。

その姿は、新聞などを通じてインド全土に伝えられた。多くの人が、やせ細ったガンディーの歩く姿を想起した。炎天下、重労働を強いられる貧者は、同じ空の下、自分と同じ格好でガンディーが歩いていることを思い、心を震わせた。各地で共感の渦が巻き起こった。

このイマジネーションが連鎖した時、歴史は動いた。ガンディーの下には人々が殺到し、数キロに及ぶ列ができた。そして、次々に海水を掬《すく》い、塩をつくった。この行動は瞬く間にインド各地に波及し、専売制は瓦解《がかい》した。イギリス人は困り果て、ガンディーとの協議のテーブルについた。

ガンディーはことあるごとに、人々に祈ることを促した。時には「死に至る断食」を決行し、人々の良心に訴えかけることで宗教紛争を解決した。暴力をふるうイギリス人に対して、暴力で応じてはならないとも訴えた。「殴られる者の肉体的痛みよりも、殴る者の心の痛みが上回った時、世界は別の方向に動き始める」と説いた。

ガンディーが行った政治とは、一体なんだったのか。

それはあらゆる人に眠る内発性を喚起することだった。世界が変わるためには、自分が変わらなければならない。自己の生き方を問い直し、欲望を直視しなければならない。この自己反省による小さな変革こそ、民主制の第一歩にほかならない。これがガンディーの確信だった。

私たちは世の中の閉塞感を「誰かのせい」にしがちである。普段は政治や行政にお任せで、何かうまくいかないと不満をぶつけてしまう。自分は正しく、いつも政治が間違えていると思ってしまう。結果、自らの無力を嘆き、シニシズム（冷笑主義）に陥る。どうせ何も変わらないと諦めてしまう。このパターンを繰り返している限り、民主制は機能しない。大変なことだが、ガンディーが説いた次元の政治を取り戻す必要があるのではないか。

そのために、この年の瀬に一年を振り返りながら、静かに祈ろうと思う。自分が何をしてきたのか、何ができなかったのかを問い直そうと思う。世界に押しつぶされないために。私が変えられないために。

■「熊本日日新聞」二〇一四年十二月二十八日朝刊

「八紘一宇」というイデオロギーの顚末

『下中彌三郎――アジア主義から世界連邦運動へ』という本を書いた（二〇一五年）。下中は平凡社の創業者で、日本初の本格的百科事典を刊行したことで知られる。彼は出版界で大きな業績を残しただけでなく、戦前から戦後にわたる長期間、社会運動家、思想家としても活躍した。

若き日の下中がのめり込んだのは、労働運動だった。大正デモクラシー期にはロシア革命を絶賛し、行きすぎた資本主義経済を厳しく批判した。特権階級ばかりが財を蓄積し、庶民が貧困を強いられるシステムにＮＯを突き付け、平等社会の実現を追求した。

下中は福祉の充実にも熱心だった。彼は利他的精神に基づく相互扶助を重視し、助け合いのコミュニティを作ろうとした。彼が創設に加わった「池袋児童の村小学校」は大正期の自由主義教育の成果として高く評価される。

そんな下中が一九三〇年代に唱えたのが「八紘一宇《はっこういちう》の実現」だった。「八紘一宇」とは『日本書紀』に記載された神武天皇の言葉「八紘《あめのした》をおおいて宇《いえ》と為《せ》んこと、またよからずや」に由来する。これは全世界をひとつの家にする理想とされ、「天皇による世界統一」を賞揚する言葉として使用された。下中は、日本の主導による人類統一を訴え、その理想の中に資本主義を超えたユートピアを見いだした。彼は天皇政治を「無私の独裁」として絶賛し、皇国思想によって世界を救済する意義を唱えた。

さて、である。二〇一五年三月十六日の参院予算委員会で三原じゅん子自民党参議院議員が「八紘一宇」を肯定的に取り上げたことが話題になっている。唐突に戦前のイデオロギーを持ち出したことで、非難の声が巻き起こっている。

三原氏は自民党にありながら介護やがん患者へのケアに熱心に取り組む議員として知られる。二〇一〇年には介護施設「だんらんの家 三鷹」をオープンし、自ら介護事業に乗り出した。この時、彼女は次のように述べている。

「これが夢でした。約十五年前、父が倒れ、それからずっと介護する母を見てきました。そして一昨年、自分が（子宮頸）がんになり、介護される側になりました。命が助かった時、本気で介護施設を作ろうと動き出しました」

今回の「八紘一宇」発言は、前後の文脈が重要である。三原氏は企業の租税回避問題を取り上げ、グローバル資本主義の「影の部分」を厳しく批判した上で、「八紘一宇」の理想を語っている。一九三八年刊行の『建国』（清水芳太朗著）に記された「世界で一番強い国が弱い国のために働く時代が来た時は世界は平和になります」という文章を引用し、「現在のグローバル資本主義の中で、日本がどう立ち振る舞うべきかというのが示されている」と発言している。

問題は、三原氏が善意によって弱者救済を追求し、資本主義の問題を乗り越えようとする中で「八紘一宇」の理想に接近していることである。下中の歩みのように、戦前期の皇国主義も格差社会を生み出す不平等な社会システムを批判する革新的な人たちに、希望として受け止められた。その結果、「アジア解放の聖戦」という独善を生み出し、敗戦という凄惨な悲劇をもたらした。

人間は不完全な存在である。知性や理性には決定的な限界が存在する。「これが正しい」と確信して行動しても、失敗に終わることが多い。

不完全な人間によって社会が構成されている以上、世界は永遠に完成されない。ユートピアが実現することなどありえず、永遠の微調整が続く。この漸進的改革のまどろっこしさに耐えきれない人たちが、壮大な理想を掲げ、他者救済の名の下に暴力を働く。「八紘一宇」というイデオロギーの顚末《てんまつ》を私たちは見つめ直す必要がある。

極端な超国家主義は、右翼の専売特許ではなく、純粋な世界を希求する革新派からも生み出された。三原氏の発言を部分的に切り取り、非難するだけでは問題の核心に接近できない。右派/左派という二分法を解体した上で、戦前の歩みを捉え直す必要があるだろう。

■『熊本日日新聞』二〇一五年三月二十二日朝刊

民主主義は暴走する

国会で審議中の安保法制最大の問題点は、昨年、二〇一四年七月に閣議決定された「新三要件」にある。ここでは自国もしくは密接な関係の他国への武力攻撃によって「我が国の存立が脅かされ、国民の生命、自由及び幸福追求の権利が根底から覆される明白な危険があること」が、武力行使の要件とされた。問題は「明白な危険」という文言にある。

何を危険と感じるのかは、人によって異なる。他国が戦闘態勢を整えるそぶりを見せただけで「危険」と捉える人もいれば、石油の輸送路で紛争が起きることを「危険」と捉える人までいる。つまり何を「危険」とするかは、それぞれの人間の主観であり、客観的な定義を付与することが難しいのだ。

新三要件の文言では、武力行使決定の基準は、時々の為政者の主観に委ねられることになる。時の権力者が「危険」と感じれば、それが「存立危機事態」となり集団的自衛権の対象となる。これでは何の歯止めにもなっていない。それどころか権力者の恣意的な解釈によって、いくらでも武力攻撃ができてしまう。これはどう考えても違憲である。こんな法案が通ってしまうと、日本は諸外国から憲法の制約を簡単に放棄する「危ない国」と見なされるだろう。

今回の一連の安保法制をめぐる法案を、私は「後出しジャンケン法案」と名付けている。いくら現政権が「武力行使はしない」と言っても、のちの政権が「今回は例外」という理屈をつけ、集団的自衛権行使を可能としてしまえるからだ。

安倍首相は繰り返し国会答弁で「一般に」という言葉を口にする。たとえば「一般に武力行使はできない」と述べる場面が多くみられるが、これは「例外がある」という意味を含ませる官僚用語だ。現に邦人輸送中のアメリカ輸送艦の防護やホルムズ海峡での機雷掃海など、次々と例外が示される。菅義偉《すがよしひで》官房長官は「敵基地先制攻撃も可能」という踏み込んだ発言まで行っている。結局、「武力行使はできない」と言っても、いくらでも「後出し」ができてしまうのが今回の法案の特徴だ。将来の政治に対して、なんの歯止めにもなっていない。

しかも、集団的自衛権行使の判断は、実質上、アメリカに握られている。これまでは長年継承されてきた憲法解釈を楯に、アメリカからの戦争参加要請を拒否することができた。「日本は立憲主義国家であり、憲法九条がある以上、参戦できない」と答えることで、国家主権を担保することができた。

しかし、今後はどうなるだろう。自国の防衛をアメリカに依存する中、アメリカからの参戦要請を断ることは、極めて難しい。アメリカに今回の法案を楯にとられ、戦争参加の理屈を提示される可能性が高い。日本の政治家は要請を受け入れるしかなく、これは国家主権の実質的な放棄と言っても過言ではない。

デモクラシーは危なっかしい政治システムである。ヒトラーの独裁政治は、民主的投票によって生み出された。民主主義は暴走すると、民主主義を破壊してしまう。そのため、デモクラシーには、様々な安全弁がつけられている。一度の選挙で一気に政治体制が変わらないように二院制が導入され、政治家の圧政に歯止めをかけるために、憲法が制定されている。これが歴史の英知にほかならない。

安倍政治は、このデモクラシーのストッパーを次々にはずし、独断的決定を推し進めようとしている。しかも、その決定権はアメリカに牛耳られている。

私たちはデモクラシーの危機に直面していると考えた方が良い。ここで踏みとどまらなければ、この国の未来を危うくする。正念場だ。

■『共同通信』二〇一五年六月配信

アメリカ追随という戦後レジューム

自民党は集団的自衛権行使容認の根拠として一九五九年十二月の砂川事件判決を持ち出している。高村《こうむら》正彦・自民党副総裁は、判決が「必要な自衛のための措置をとりうる」としていることから、日本存立のための必要最小限度の措置に集団的自衛権の一部も含まれると拡大解釈している。これはどう考えてもおかしい。

砂川判決の焦点は在日米軍基地が合憲か違憲かという点にあり、集団的自衛権は視野に入っていない。そんな判決文を強引に持ち出し、我田引水の憲法解釈を進めることは立憲主義の否定につながる。この裁判は一九五七年七月八日に米軍基地反対を訴える学生、農民が基地内に立ち入ったことをめぐって行われたが、争点は米軍基地が違憲なのか合憲なのかに集中した。一審の東京地裁判決では、米軍駐留は違憲と判断され、被告人全員が無罪判決を受けた。これに焦ったのがアメリカ政府だった。日米安保条約の改定を控える中、一審判決は都合が悪かった。アメリカとしては、なんとか判決を早期に覆したい。そんな思いから、日本の司法に対する露骨な介入が始まった。

近年、米国国立公文書館の史料開示によって、この時のプロセスが明らかにされている。史料によると、一審判決の翌朝、マッカーサー駐日大使（ＧＨＱのマッカーサー元帥の甥）は藤山愛一郎外相と面会し、「日本政府が迅速な行動をとること」を要求した。そして「東京地裁判決を正すべき」と迫った上、高等裁判所への控訴を飛ばして、「日本政府が直接、最高裁に跳躍上告すべき」と介入した。藤山外相は直後、閣議に臨んだ。そして、アメリカ大使の意向を受けて跳躍上告を強く主張し、司法への働きかけを求めた。

もちろん控訴、上告の決定は、検察官が独自の判断で行う。しかし、この時はアメリカに追随する日本政府の意向が優先され、跳躍上告が決定した。そして田中耕太郎・最高裁判所長官がマッカーサー大使と面会し、早期に結審する意向を伝えた。さらに、一審を覆す見通しを示し、日米安保改定に支障がないよう取り計らうことを約束した。その結果、一九五九年十二月に異例のスピードで最高裁判決が下され、米軍駐留を違憲としないとされた。

日本国憲法七十六条を読んでほしい。ここには「すべて裁判官は、その良心に従ひ独立してその職権を行ひ、この憲法及び法律にのみ拘束される」と書かれている。司法権の独立が明確に規定されているのだ。

裁判官は権限の行使にあたって、政治的権力からの指示には拘束されてはいけない。しかし、近年発見された史料が物語っているのは、司法の判断にアメリカ政府の意向が露骨に反映されていたという事実である。

砂川事件判決は、日本の主権がアメリカに制約されていることを如実に表した実例である。日本は形式上サンフランシスコ講和条約によって独立を果したが、実質的にはアメリカに主権の一部を奪われたままになってきたのだ。現に米軍基地に対する地位協定が未だに存続し思いやり予算が支払われ続ける。この歪んだ日米関係こそが「戦後レジューム」にほかならない。

安倍内閣は「戦後レジュームからの脱却」を唱えながら、日米防衛協力指針の改定など米国追随を強化する。彼らはこの矛盾にあまりにも無自覚である。集団的自衛権行使こそが戦後レジュームからの脱却だと思い込んでいるかのようだ。この認識をまずは是正するところから議論を立て直さなければならない。

このままアメリカに追随するかたちで集団的自衛権行使を容認してしまえば、日米安保条約は明確な不平等条約となる。もし双務的な関係を構築するのであれば、地位協定の大幅な改定が行われなければならない。アメリカ軍普天間飛行場の辺野古移設などもってのほかである。そんなことを進めれば、ますますアメリカに対する属国化が加速する。

砂川事件判決を抱きしめ、沖縄の民意よりもアメリカ政府の意向を重視する安倍内閣は、戦後レジュームそのものである。国民が真の意味での戦後レジュームからの脱却を目指すならば、安倍内閣からの脱却を志向するほかない。

■『熊本日日新聞』二〇一五年六月二十八日朝刊

日本は「ごっこ」の世界にとどまり続けるのか

国会の安全保障関連法案の審議で、共産党が入手、公開した自衛隊内部文書が問題になっている。ここでは米国との「同盟調整メカニズム」が明記されると共に、日米防衛協力指針（ガイドライン）でも合意されていない「軍・軍間の調整所の設置」が提起されている。「軍・軍」とは、それぞれ「米軍」と「自衛隊」を意味する。つまり、米軍と自衛隊が一体となって、軍事作戦の調整を行うことが検討されているのだ。

もちろん主導権を握るのは米軍にほかならない。いざ有事となり軍事作戦が起動すると、詳細なデータを持っているのは米国の軍関係者となり、必然的に米軍主導で物事が決定していく。日本側は実質的な指揮権を喪失し、米軍の指令に従属していくだろう。

これは自衛隊が米軍の「二軍」と化すことを意味する。日本の政治家も、高度な専門的知見と情報を必要とする米国の軍事作戦に異論を挟むことは難しい。しかも、軍事機密は秘密保護法の対象になるため、国民がチェックをすることも容易ではなくなる。対米追随は日本の主権をむしばむかたちで進行する。

保守政治家たちは、中国の脅威を強調し、リアリズムの重要性を訴える。しかし、対米従属が今後の世界戦略として正当なものかは、かなり疑わしい。

二十一世紀に入って顕著なのは、米国の覇権の低下である。かつて「世界の警察」を自称していた頃のパワーは影を潜め、影響力の低下が進む。代わって目を見張るのが中国やロシアの台頭である。世界は権力の「一極集中」から「多極化」へとシフトしてきているのだ。そんな現実の中、米国一辺倒の日本の外交姿勢に、中長期的戦略としてのリアリズムがあるとは思えない。リアリズムを叫ぶ保守政治家の非現実性こそが、大きな問題なのだ。

二〇一五年八月十二日に沖縄で起きたアメリカ軍ヘリ事故（アメリカ軍嘉手納基地東三十五キロ海上に墜落）についても、日米地位協定が壁となっていまだ詳細な情報が入ってこない。日本と同様に米国との間に地位協定を結んできたイタリアでは、米軍の行動はイタリア軍に事前通告しなければならず、事件、事故の詳細をイタリア側に通告する取り決めがなされている。日本での米軍機の訓練、軍事演習については、その多くが国内法の適用外となっており、事故の情報も米軍の機密とされる。比較すると日本の主権の軽んじられ方がわかる。

一九七〇年一月、保守派の批評家・江藤淳は『「ごっこ」の世界が終ったとき』という論考を書いた。彼の目に映った戦後日本は、根源的な部分を米国に依存し、最終的な判断をゆだねる半人前の国家だった。日本は真の意味で自立しておらず、主体性を確立していない。米国にお任せすることで責任や覚悟が失われ、すべてが「ごっこ」と化している。日本は主権を奪還できていない。

江藤は当時、目前に迫る沖縄返還によって「ごっこ」の世界が終わると確信した。これでようやく日本に主体性が回復される。自らの責任と決断で、国家を運営することができる。そう信じた。しかし、対米依存は終わらなかった。沖縄が返還されても、経済大国となって豊かな生活を手に入れても、保守政治家を中心とする米国への「上目遣い」は続いた。江藤は、そんな戦後日本のあり方に抵抗し続けた。その姿勢こそが保守としての矜持《きょうじ》だった。

そして、戦後七十年。江藤がこの世を去った後も、米国への従属は終わっていない。むしろ、その度合いは加速化し、依存的態度が顕著になっている。

しかも、その国家方針を推進するのが、保守を自称する安倍首相であることに、この国の病理が集約されている。戦後レジュームからの脱却を叫ぶ首相が、戦後レジュームの中核である対米依存を強化するのだから、国民は戸惑いを覚えるばかりだろう。一体、首相は日本の主権をどのように考えているのだろうか？

主権の侵害を喜んで抱きしめる保守政治家のあり方を問わなければならない。米国への「上目遣い」が終わらない限り、日本は「ごっこ」の世界の中にとどまり続ける。

■『熊本日日新聞』二〇一五年八月二十三日朝刊

立憲主義の解体——安保法案強行採決

衆院に続き参院も、安全保障関連法案の強行採決したのは（二〇一五年九月十七日）、あまりにもひどかった。与党の法案がそのまま可決されるだけならば、国会など必要ない。選挙で多数を獲得した政党のマニフェストを、そのまま実現すればいいだけだ。

デモクラシーは単なる多数決ではなく、少数派の意見にもしっかり耳を傾けながら合意を形成するシステムである。議会の存在が重視されるのは、多数者が常に正しいという見方を疑っているからだ。少数者の主張に理があれば、その見解を取り入れながら合意を取り付ける。そのプロセスこそが民主主義にほかならない。

今回の採決のプロセスを見ながら、安倍首相には保守を自称する資格はないと強く感じた。安倍首相の政治手法は、根本的に保守思想にそぐわない。むしろ彼が批判する中国共産党の独断的な政治に接近している。安倍首相の中国に対する批判は、ブーメランのように旋回して、自らを直撃するだろう。

保守といえば、一般には革新に対峙《たいじ》する存在という程度に受け止められがちだが、政治思想としての本来の保守とは、もう少し厳密なものだ。難しく言えば「懐疑主義的人間観の共有」。

つまり、人は知的にも倫理的にも過ちを犯しやすい存在である。どんな頭のいい人でも、世界のすべてを正しく把握することなどできず、どんな立派な人でも、エゴイズムや嫉妬から完全に自由にはなれないという見方だ。

そうしたいつの時代も不完全な人間の弱さを、本来の保守派は冷静に見つめる。革新を唱える近代主義者たちが理性を過信し、進歩を妄信するのに対し、保守は個人の能力の限界を直視し、個人の単独の理性ではなく、理性を超えたものに重きを置く。過去の人間の経験知や常識、伝統、慣習を大切にし、一気に社会を変えようとする態度をいさめる。ただし、保守はあらゆる変化を拒むわけではない。社会は常に時代の変化にさらされ、静止画のようにとどまり続けることは許されない。数十年前と今では社会の構成は大きく異なる。昔に作られた制度をそのまま引き継いでいるだけでは、否応なき変化に対応することができないからだ。

その意味で保守は「保守するための改革」を積極的に容認する。ただし、改革は常に漸進的、「順を追って徐々に進んで行くこと」でなければならないと考える。一部の人間が一気に社会を変えてしまうあり方には、必ず理性に対する過信が潜んでいると考えるため、改革は常に丁寧に時間をかけて行う。

保守の目指す改革は「永遠の微調整」である。無名の死者たちから継承した暗黙知を重視し、伝統と呼応しながら丁寧に調整を進めて行くことこそ、保守の態度にほかならない。

このような保守思想の本質を辿っていくと、今回の強行採決が「反保守的」な態度であることがわかると思う。保守政治家たる者、異なる意見の他者との葛藤に堪えながら、粘り強く合意形成を進めることが求められるはずだが、今の自民党議員には、そのような姿が微塵も見受けられない。強引で性急な決定ばかりが先行し、対話や熟慮の美風が崩壊している。保守の謙虚さはどこへ行ってしまったのか。

安倍首相はかつて憲法解釈について「最高の責任者は私だ」と言い、「政府の答弁に私が責任を持って、そのうえで選挙で審判を受ける」と豪語した。立憲主義を根本的に解体し、選挙で過半数を獲得すれば何をやってもいいと言わんばかりの態度は、死者たちが血と汗を流して築いてきた政治的慣習や秩序を崩壊させてしまう。民主制は暴走すると危ないシステムであるため、為政者は憲法という足枷《あしかせ》によって、過去から制約を受けている。政治家が断的に決定できないような「安全弁」が歴史的経験から装着されているのだ。安倍首相をはじめとする与党の政治家たちは、この足かせを強引に外そうとしているように見える。これは歴史に対する反逆であり、保守的な精神を足蹴《あしげ》にする不遜な態度だと言わざるを得ない。

今、重要なのは、保守政治の立て直しである。保守の論理を再興しなければ、自民党は社会主義国家のような独断的政治に堕することになる。

■『熊本日日新聞』二〇一五年九月二十七日朝刊

なぜ立憲主義なのか——緊急事態条項

夏の参院選（二〇一六年七月十日施行）、場合によっては衆参同日選挙の結果次第では、憲法改正発議の条件が整う。その際、焦点のひとつになりそうなのが自民党の改憲草案にある「緊急事態条項」だ。

ここで取り上げられる国家緊急権とは戦争や内乱、恐慌、大災害など平時の統治機構では対処できない場合に憲法を一時停止して非常措置をとる権限を意味する。認められれば、緊急事態の際には「人権の保障」や「権力分立」が一時停止され、内閣が国会の関与なしに法律と同等の「政令」を出すことができるようになる。

最大の問題は「緊急事態」の定義があいまいな点にある。自民党の改憲草案を見ても明確で客観的な定義は存在しない。発動要件がはっきりしないということは、内閣がいくらでも恣意《しい》的に緊急事態宣言を出せることになる。

結局、「緊急事態」であることの判断基準は、為政者の主観に委ねられることになる。権力を握った者が「緊急事態だ」と判断すれば、憲法を停止することができ、巨大な強権を発動することができる。

政府は二〇一六年三月二十二日の閣議で、共産党について「現在においても、破壊活動防止法に基づく調査対象団体である」とする答弁書を決定した。その中で警察庁の見解として「現在においても『暴力革命の方針』に変更はないものと認識している」と述べている。共産党はこの決定に対し「厳重に抗議」し、答弁の撤回を要求している。質問主意書への答弁書とはいえ、この時期にこうした見解を示すのは野党分断や特定政党への偏見助長の思惑が見て取れる。

百歩譲って、では政府見解の「暴力革命を目指す勢力」が政権を奪取した場合、どうなるのだろうか。「緊急事態条項」を利用することで、独断的な革命が挙行されてしまうことに思い至らないのだろうか。

あるいはそんな政治家は自民党の中から出てくるかもしれず、まだ存在しない政党が生み出すかもしれない。政府が特定の政党を「暴力革命」を志向していると認定するのであれば、「緊急事態条項」など憲法に入れるべきではない。自分たちと逆の思想、信条を持つ勢力が権力を担った際、自らが抑圧、弾圧される可能性を考慮に入れない政治家は、愚かな存在である。近視眼的で単眼的な思考の持ち主に未来を任せるわけにはいかない。

憲法とは、政府が暴走しないために、国民の側が権力に縛りをかけるものである。その憲法を権力者が示威的に停止できるのであれば、立憲主義は崩壊し、民主制は瓦解《がかい》する。

民主制は危い制度である。国民の投票行動によって、合法的に独裁者が権力を握ることが十分可能であり、過去に何度も現実化してきた。ドイツのナチスは、民主的とされたワイマール憲法のもと合法的に政権を奪取し、独裁体制を樹立した。その際に用いたのがワイマール憲法四十八条だ。国家緊急権を利用し、国会議事堂放火事件を口実にして、言論・集会・結社の自由を制限していった。さらに国会で「全権委任法」を強行採決し、立法権をすべて政府に委ねる決定を行った。

憲法とは、過去の教訓から生み出された英知である。権力者は、現在の国民だけでなく過去の国民によっても縛られている。それを私は「死者の立憲主義」と呼ぶ。この英知こそが民主制を支えている。

そうやって民主制には様々な安全弁が装備された。多数者の圧政が行われないように議会制が導入され、慎重を期すために二院制が採用されている。しかし、衆参両院で過半数を握る現在の政権与党は、議会での議論を軽視し、法案を通すための通過儀礼であるかのような答弁を繰り返す。立憲主義を軽視し、憲法解釈を強引に変更することで、たとえば安全保障関連法のような違憲性のある法律を制定する。

安倍内閣は死者の経験知をないがしろにし、未来への落とし穴を掘る政策をとっていると考えなければならない。

■『熊本日日新聞』二〇一六年三月二十七日朝刊

保守にとって憲法とは何か

参議院選挙（二〇一六年七月十日試行）の結果、改憲勢力が三分の二を獲得した。その中心は自民党。現在の安倍政権は「保守」を自称している。

保守にとって憲法とは何か。憲法は国民の側が権力者を縛るための体系として成立している。「表現の自由を侵してはいけませんよ」「侵略戦争はしてはいけませんよ」「議会制民主主義のルールをちゃんと守ってくださいね」。そんな国民による権力への禁止条項が、憲法の本質だ。

ここで問題になるのは「国民とは誰か」である。保守思想における立憲主義では、国民は現在生きている人間だけでなく、過去の国民も含まれている。つまり、権力は今の国民の意思に縛られているだけでなく、死者が積み重ねてきた経験や努力にも縛られている。私はこれを「死者の立憲主義」と呼んできた。

保守の本質は、懐疑的人間観にある。人間は愚かで間違いやすい。どれほど立派な人でもエゴイズムや嫉妬心から自由になれず、どれほど頭のいい人でも、世界全体を正確に把握することはできない。人間は倫理的にも知的にも不完全な存在だ。

保守は「漸進的な改革」を重視する。不完全な人間が作った制度は、どうしても完全なものではない。時代の変化によってほころびも出てくる。だから、変えていくしかない。しかし、一気に変えてしまうことには、人間の理性に対する思い上がりが反映されている。先人たちが重ねてきた議論や解釈を踏まえた上で、徐々に変えていくことが望ましい。

不完全な存在である人間が「絶対に正しい憲法」を制定することなどできない。だから本来の保守は、憲法を一切変えないという「絶対的な護憲」も、一気にガラッと変えてしまうという「急進的な改憲」も採用することができない。両者はまったく異なる立場のように見えるが、実は同じところに立っている。それは特定の人間の能力によって憲法を完成させることができるという前提だ。「絶対的な護憲」派は、憲法制定時の人間を無謬の存在と見なす過ちを犯しており、「急進的な改憲」派は、今生きている人間能力を過信している。昔の人間も今の人間も、不完全な存在であり、その人間によって作られた憲法の文言は、不完全なものにすぎない。

自民党の憲法草案では、文言を一気にガラッと変えようとしている。この点で、この草案は保守的なものとは言えない。憲法は条文の文言だけでなく、長年の議論の中で合意されてきた解釈や前例の体系として存在している。歴史の風雪に耐えてきた分厚いコンセンサスを無視し、特定の人間が設計的に憲法をつくり変えられると考えることこそ、保守が批判してきた革新的態度にほかならない。

ただし、現在出されている自民党の憲法草案は、あきらかに「高目の釣り球」である。この乱暴で粗雑な草案に飛びついて批判を展開していると。次に出してくる「球」（案）がリベラルに見えてしまう。そうなると自民党の思う壺である。安倍首相は自民党草案にあえて議論を引き付けておいて、次のカードを切ろうとしているのだろう。この点を念頭に入れて、議論を進める必要がある。

憲法改正のプロセスは、数の論理にものを言わせるような強引なものであってはならない。広く国民的合意が得られるような漸進的改正を目指すべきであり、そのためには野党との合意形成が必要不可欠である。国会論争を通じて妥当な改正案が共有され、多くの国民が納得する文言が提示されなければ、憲法改正は進展しないだろう。

■『共同通信』二〇一六年七月配信

保守と共産党の接近

日本時間の二〇一六年十一月九日夕方、アメリカ大統領選挙でトランプの勝利が確実になった。この直後から様々な分析や見通しが語られたが、中でも興味深かったのが翌十日にＢＳフジ『プライムニュース』が放送した「脱『アメリカ属国』論」だった。出演者は保守思想家の西部邁と日本共産党の小池晃。一見すると立場が真逆に見えるふたりの見解は、ほとんどの点で一致していた。

ふたりが声をそろえて主張したのが、対米従属からの脱却と新自由主義への批判である。トランプは選挙中に、日本における駐留米軍の撤退をにおわせる発言を行ったが、ふたりはその方向性を歓迎する。もちろんＴＰＰにも反対。アメリカの歪な格差社会を問題視し、新自由主義やグローバリズムを批判する。

西部が顧問を務める『表現者』六七号（二〇一六年七月号）では、「日本共産党とは何ものか」という特集を組み、西部、小池、西田昌司、富岡幸一郎による座談会「日本共産党に思想と政策を問う」を掲載している。この中で西部は、日本共産党がその首尾一貫性において「断トツに優れている」と評価し、「グローバリズム反対」や「日本の中小企業や農業への保護」、「マーケットにおける利潤最大化のみを追求する資本主義」への批判などを高く評価する。

一方で、小池も「対米従属の根源にある日米安全保障体制は打破しなければならない」と述べ、これこそが真の意味での「戦後レジューム」からの脱却であると主張する。そして、保守思想への敬意を示しつつ、「死者の叡知も含めてしっかり受け継ぐ政治でなければならないというのが、我々の基本的な考え」と述べる。

もちろん対立点は存在する。憲法九条の改正を主張する西部に対し、小池は護憲の立場を貫く。ただ、小池は自衛隊をいきなりなくすべきと論じているわけではない。「急迫不正の侵害から日本の国土と国民を断乎として守るのは当たり前」であり、個別的自衛権は否定しない。憲法九条は「未来の世界が進むべき一つの理想的方向性を示し」ており、現実政治によって実現に向けて努力して行くことが重要だと説く。

保守と共産党。防衛論における齟齬が存在するものの、自公政権が親米・新自由主義へと傾斜する中、それに抵抗する両者の立ち位置は限りなく接近している。自民党の西田昌司は、「共産党が言っていることは光り輝いている」とエールを送り、西部は「自共連合政権を実現させてくださいよ」と、半ば冗談交じりに迫る。西部も西田も、現時点においては自民党よりも共産党の方が保守思想に近い政策を説いていることを認め、率直な評価を表明しているのだ。

これは、現在進行中の野党共闘に重要な示唆を与える。民進党（当時）の中には、共産党と手を組むことによって保守層の支持が離れていくことを恐れる向きがあるが、むしろ共産党の政策を取り込むことによってこそ、本来の保守へと接近するという逆説が存在する。トランプ政権誕生は、世界各地で思想の地殻変動を加速化させるだろう。もはや「左」と「右」という二分法はリアリティを持たなくなっている。日本においては、野党共闘による合意形成こそが、ネオコン、新自由主義勢力に対するオルタナティブな選択肢となるはずだ。

『週刊東洋経済』二〇一六年十一月十二日号では、対米従属論をめぐって、対立的する見解を掲載している。白井聡「自分の論理を構築して対米従属から脱却せよ」は、対米従属が自己目的化する日本外交を厳しく批判し、「自分の論理を構築して行くこと」を要求する。

一方、中山俊宏「日米同盟がベスト――属国の議論は筋違い」では、対米不信を表明する論者に対して「現実味がない」と批判する。中山は「想定しうるオプションを一つずつ考えていくと、最終的に残るのはやはり日米同盟」と述べ、価値観を共有できるアメリカとの同盟関係こそが最善の選択肢とする。ただし、中山は単なる現状維持を主張しているのではない。「今重要なのは、どうして米国が必要なのかをあらためてきちんと考えた上で、日米同盟を再選択すること」と述べる。

いずれにせよ、トランプ大統領の誕生を目前に、日米同盟に依存してきた戦後日本は、大きな岐路に立たされている。国際政治においては、安全保障上の空白が生じると、それを埋めようとする力学が必ず働く。アメリカのリバランス政策になんらかの変更が生じれば、ロシアや中国の動向を正確に見極め、行動する必要がある。この変化にいかに対応すべきか。日本の未来を見通す思想と構想力が問われている。

■『北海道新聞』『東京新聞』『中日新聞』『西日本新聞』二〇一六年十一月

勘ぐらせる政治

「森友学園」の小学校設置認可をめぐる問題（二〇一七年）では、政治家の圧力の有無と共に、役人たちの「忖度」が話題になっている。現在の首相官邸は、懲罰的な人事を繰り返すことで、巧みに官僚をコントロールしている。官僚たちは、官邸からのまなざしを内面化し、官邸の意向を忖度して動く。官邸の思惑に従順な官僚組織ができ上がる。

安倍首相はこの「忖度」のメカニズムを熟知している。

二〇〇一年、NHKで番組改変問題が起こった。従軍慰安婦問題を取り上げた一月三十日のETV特集シリーズが、事前に右派から抗議を受けたことで改変され、当初とは大きく異なる内容となって放送された。

この問題では政治家の介入の有無が議論になってきたが、二〇〇五年一月十二日、朝日新聞が松尾武放送総局長の証言を取り上げ、放送前の政治家との接触を報じた。松尾は、ある政治家と面会している。当時、内閣官房副長官だった安倍晋三だ。

松尾はその時の面会の様子を、次のように語ったという。「先生はなかなか頭がいい。抽象的な言い方で人を攻めてきて、いやな奴だなあと思った要素があった。ストレートに言わない

要素が一方であった。『勘ぐれ、お前』みたいな言い方をした部分もある」（『月刊現代』講談社・二〇〇五年九月号）

証言が事実であるとするならば、重要なのは、安倍が「勘ぐれ」と言ったことである。安倍は、直接的に番組の改変を指示していない。内容に踏み込んで、攻撃を加えてもいない。発した言葉はあくまでも「勘ぐれ」だ。

これは人を服従させるための巧妙なテクニックである。言われたNHK幹部は、権力のまなざしを内面化し、安倍の意向を忖度して行動する。勝手にNHK予算の国会承認への悪影響を想起するのかもしれない。もちろん「勘ぐれ」と言った本人は、そのように仕向けるのである。圧力の証拠は残らない。結果、直接的な指示がないにもかかわらず、番組内容への政治介入が具体化する。権力への服従が加速する。

安倍政治の本質は「勘ぐらせる政治」である。これは秘密保護法や共謀罪と連動して、いずれ一般市民に刃が向けられる。権力に対する自発的服従を生み出す。

森友問題と共謀罪は、構造的に連動している。私たちは手遅れになる前に安倍政治の本質を打破しなければならない。

■『週刊金曜日』金曜日・一一二五号・二〇一七年二月二十四日

安倍昭恵論――ナチュラルとナショナル

森友問題（二〇一七年）をめぐってファーストレディーの安倍昭恵夫人に注目が集まっている。昭恵夫人の言動には戸惑うことが多い。中でも防潮堤批判や脱原発のような左派的な政治行動をとる一方で、塚本幼稚園の右派的な教育方針を賞賛する。しかも、本人はそれを矛盾とは捉えていない。これは一体なんなのか？

『文藝春秋』二〇一七年三月号に掲載された石井妙子「安倍昭恵『家庭内野党』の真実」は、昭恵夫人の歩みを追い、思考の本質に迫る。

昭恵夫人は森永製菓の創業家に生まれ、聖心女子専門学校卒業後、電通に入社。会社の上司の紹介で安倍晋三と出会い、二十五歳で結婚した。夫が亡き父・安倍晋太郎の後を継いで政治家になると、山口県の選挙区に入り「政治家の妻」としての活動を始めた。

境遇が大きく変わったのは二〇〇六年。夫が総理大臣に就任し、四十四歳の若さでファーストレディーになったが、「三歩下がって夫を立てる良妻賢母」という型に戸惑う。そして、夫は突然の総理大臣辞任。激しいバッシングと夫の体調不良で「どん底」を味わう。

しかし、ここで最大の転機がやってくる。「私らしく自分の人生を生きたい」と考え、新しい世界に飛び込んで行くことを決意する。大学院に入り勉強を始める一方、神社巡りをきっかけにスピリチュアルカウンセラーや神道関係者、ニューエイジ系の自然主義者と交流し、精神世界への関心を深めた。その延長上で、農業と食に興味を持ち、無農薬、無添加食品にこだわる居酒屋「ＵＺＵ」を開店した。

スピリチュアルな自然主義者としての活動は、次第に政治性を帯び始める。東日本大震災を契機に脱原発運動へと接近し、行政の防潮堤政策を批判。社会活動家で安倍政権に批判的な三宅洋平と意気投合し、オスプレイ用ヘリパッド建設をめぐって対立が続く沖縄県の高江を訪問した。

一方で、大麻の神秘性と有用性を訴え、『日本を取り戻すこと』は『大麻を取り戻すこと』と発言。大麻は日本の神事と深い関係にあると言い、アメリカの占領政策によって大麻栽培が禁止されたと訴える。過疎地で産業用大麻を栽培する活動を支持し、鳥取県智頭町《ちずちょう》を視察したが、その当事者は二〇一六年十月に大麻所持で逮捕された。

スピリチュアルな活動が古来の神秘へと接続し、日本の精神性の称揚へと展開すると、その主張は国粋的な賛美を含むようになる。森友学園が開校を計画した「瑞穂の国記念小学院」の名誉校長になり、その教育方針を支持した。

石井は言う。「そのベースにあるものは日本を神聖視する、危うさを含んだ、少し幼い思考ではないだろうか」。

インターネットサイトＢＬＯＧＯＳには、社会学者の西田亮介による昭恵夫人へのインタビューが掲載されている（二〇一六年十一月九日）。そこでは「日本の精神性が世界をリードしていかないと『地球が終わる』って、本当に信じているんです」と語り、日本の優位性が論じられる。自分が動くと物事が一気に進むのは、超越的な力が働いているからだと言い、霊的な使命感が示唆される。政策内容は異なっても、「日本を取り戻す」というスローガンによって、夫と一体化する。

従来、スピリチュアリティと政治の結び付きは、一九六〇年代後半から七〇年代のヒッピー文化を底流としてきたため、エコロジーやオーガニックという自然志向と共に、左派的な主張につながる傾向にあった。しかし、その近代批判が土着文化への回帰を促し、伝統礼賛論へと傾斜すると、時に「ニッポン凄い」という愛国的、右派的な言説へと合流する。

この傾向は、戦前期の超国家主義者の性質と似ている。人生の煩悶を抱え、自然回帰を志向した農本主義者たちが、次第に日本精神を礼賛し、国体論による世界の統合を志向していったことはよく知られる。かつてナチス・ドイツも有機農業を賞揚し、独自のエコロジー思想を打ち出した。ヒトラーは「化学肥料がドイツの土壌を破壊する」と訴え、純粋な民族性と国土のつながりを強調した。

〈右派的な権力者・安倍晋三首相〉と〈スピリチュアルな自然主義者・安倍昭恵夫人〉。この両者の一体化は、危険な超国家主義を生み出しかねない。森友問題の中核は政治・行政による不公正な利益供与問題なのだが、昭恵夫人を媒介とすることで、それ以上に深刻な思想課題を含むことになっている。この点は重要である。

スピリチュアルな志向性が日本主義化する現象は、現代社会の中で広範に見られる。ナチュラルなものへの共鳴が、ナショナルなものへの礼賛となる現象には注意深くなければならない。

■『北海道新聞』『東京新聞』『中日新聞』『西日本新聞』二〇一七年三月

権力を抑制するための改憲

「憲法改正に賛成か反対か」を漠然と問う世論調査に、違和感がある。何条のどの部分をどのように変えるべきかという具体的内容が伴わない問いには、答えようがない。結局この問いは、改憲／護憲という二分法を、右派／左派のアイデンティティ闘争の道具にしてしまっている。憲法改正の賛否が、イデオロギー的立場の表明に直結する言論構造を、そろそろ乗り越えなければならない。

ケネス・盛・マッケルウェインは「日本国憲法の特異な構造が改憲を必要としてこなかった」（『中央公論』二〇一七年五月号）の中で、日本国憲法の短さを指摘する。国会、内閣、司法など「統治機構」に関する記述は特に少なく、これまで制度改正は法改正ですませ、改憲にまで手を付けてこなかった。「一度も憲法を改正しなくて済んだ理由の一つは、その短さにあるといえるだろう」

マッケルウェインが危惧するのは、短すぎるが故に生じる立憲主義の空洞化だ。現行憲法では、権力者による恣意的な制度運営が可能となってしまう。統治機構について踏み込んで規定することで、権力を抑制することが望ましいと訴える。その通りだろう。

木村草太は「憲法改正　自公維民4党の論点」（『文藝春秋』二〇一七年五月号）において、イデオロギー的改憲論を牽制しつつ、「改憲が必要かどうかは、これまでに生じている問題を分析した上で、法律の運用の適正化でも、法律改正でも対応できない、となって始めて議論されるべきものだ」と主張する。具体的に検討に値する論点として「参議院の合区解消」「衆議院解散権の制限」「幼児教育から高等教育までの無償化」の三点を提示し、自民・公明・維新・民進のキーマンにインタビューを行っている。

ここで重要なのは民進党（当時）で憲法調査会長を務める枝野幸男の回答だ。枝野は、「最初の国民投票は成功させなければいけない」と言い、しかもそれは『大差』で可決されなければならない」と述べる。もし否決されると憲法論議はタブー化し、僅差では国民が分断されるからだ。だから、改正案は社民や共産の賛成が得られることが望ましいと言う。

その上で、枝野が検討すべきと論じるのが、「衆議院解散権の制限」である。憲法六十九条では不信任決議が通った際に解散が認められている。これは先進国の中でも標準的な内容だが、日本には憲法七条を根拠とするもうひとつの解散の方法が存在する。内閣の助言と承認があれば、天皇の国事行為として解散ができるとされ、首相がいつでも独自に解散を断行できると解釈されている。

先進国では解散権は制約されており、日本が例外的な存在になっている。私たちが普通だと思っている解散総選挙は、世界の中ではかなり特殊なあり方なのだ。

なぜ先進国は解散権を制約するのか。

首相は解散をほのめかすことで、与党内の求心力を高め、野党を牽制する。結果、解散が政局に利用され、じっくりと政策に取り組むことができなくなる。サプライズ解散は、首相の「断固たる意志」や「強いリーダーシップ」を誇示する表現形態となってしまう。イギリスでは二〇一一年に議会期固定法が成立し、総選挙は五年ごとに行うことが定められた。内閣不信任案の可決に伴う解散以外では、議会下院の三分の二以上の賛成がなければ解散は行われない。

枝野は「六十九条解散はいいが、七条解散は認められるべきではない」とし、『解散権の制限』こそ、憲法典を変えないとできない」と論じる。同じ民進党（当時）の細野豪志も「現実的な憲法改正案を提示する」（『中央公論』二〇一七年五月号）の中で同様の提案を行っている。細野は参議院の通常選挙とのダブル選挙を狙った衆議院解散を問題視する。もし、両議院のダブル選挙中に緊急事態が生じれば、国会の機能が麻痺しかねない。緊急事態を口実とする行政権の恣意的行使を十分にチェックできなくなる恐れがある。

民進党は足並みの乱ればかりが注目されがちだが、「解散権の制限」については合意形成が可能だろう。だとすれば、民進党は共闘を目指す共産党などに対し、積極的に改憲案を提示すべきである。

ただ、この「解散権の制限」に関して、与党の腰は重い。木村草太がインタビューを行った自民党の中谷元・党憲法改正推進本部長代理（当時）は、「政権の節度」に委ねるべきであると主張し、七条解散の改正に反対する。しかし、今まさに政治問題になっているのは現政権の節度の欠如である。恣意的な閣議決定や解釈改憲を進める現政権に対しては、やはり立憲主義的な歯止めが必要である。

改憲問題をイデオロギー化するのは、もうやめるべきだ。

■『北海道新聞』『東京新聞』『中日新聞』『西日本新聞』二〇一七年四月

保守政治の崩壊

戦後すぐに皇太子明仁親王（現在の天皇）の教育係を担った小泉信三・元慶応義塾塾長は、共産主義国家への批判を展開したことでも知られた。小泉は一九五一年に発表した「共産主義と人間尊重」という論考の中で、ソ連という国家には「人間尊重の精神」が欠如していると指摘し、「猜疑《さいぎ》」や「憎嫉《ぞうしつ》」という「人間の弱点」につけ込んで人を動かそうとする政治手法を厳しく非難した。共産主義に蔓延《まんえん》するのは権力に対する畏怖や忖度であり、自由闊達な議論は封じ込められる。反対者への懲罰が露骨になり、過度の萎縮が蔓延する。

小泉の共産主義批判は、今の安倍政治にこそ当てはまる。森友学園問題（二〇一七年）で「安倍総理から寄付金があった」と発言した籠池泰典前理事長に対しては、「首相への侮辱」を理由に証人喚問招致がなされた。加計学園問題（二〇一七年）で内部文書の存在を明かした前川喜平・前文部科学事務次官に対しては、人格に問題があるというレッテルを貼り、社会的に抹殺しようとした。

これは明らかな見せしめであり、盾突こうとする人間への脅しである。このような政治手法は本来の保守が最も嫌悪してきたものである。安倍内閣が共産主義国のような権威主義体制を目指すのであれば、保守を語る資格はない。

「前川喜平前文科事務次官手記　わが告発は役人の矜持《きょうじ》だ」（『文藝春秋』二〇一七年七月号）の中で、前川は加計学園の獣医学部新設をめぐる官邸側からの圧力を詳述し、一連の経緯を明らかにしている。前川は率直に「行政が歪《ゆが》められた」と言う。それは「平成三十年四月に今治に獣医学部を開設する」ことの正当な根拠が希薄なまま、物事が進められたからである。そこに存在したのは、合理的な理由ではなく、権力的な圧力だった。

今、文部科学省の内部では「物言えば唇寒し」の雰囲気が広がっているという。前川が懸念するのは、文部科学省の官僚たちが、政治的圧力によって隠蔽工作に加担させられることである。「国民の知らないところで筋の通らないことがまかり通るようになれば、デモクラシーは機能しなくなります」

批評家の斎藤美奈子は「共謀罪と加計学園問題」（『現代書館ＷＥＢマガジン』二〇一七年五月三十日）の中で、共謀罪と加計学園問題を「ひとつづきの案件」と捉える。前川に対する官邸の「やり方」は「権力に逆らうとこうなるぞという一種の『脅し』『見せしめ』であり、監視と密告と疑心暗鬼にまみれた共謀罪下の社会を先取りしているように見える」。的確な批判だ。

政治学者の小林正弥は「『共謀罪』法案の〝横暴採決〟は議会の自殺行為だ」（『ＷＥＢＲＯＮＺＡ』二〇一七年六月十六日）の中で、共謀罪法案の成立過程において「委員会を重視する国会の原則と慣例が打ち壊された」ことを強く憤る。小林は野党議員の反発や牛歩戦術に共鳴し、「憲政の伝統」を守るべきことを訴える。

小林があえて「伝統」や「慣例」の重要性を強調しつつ批判を加えるのは、安倍内閣が本来の保守から程遠い政権であることを際立たせるためであろう。長年続いてきた制度は、先人たちの経験知に基づく慣習によって支えられている。慣習は言語化されることなく、暗黙知として制度の暴走を食い止めている。その慣習を破壊し、横暴な独断による決定を進める者が、保守であろうはずがない。

保守は本来、議論を重視する。それは人間の不完全性に対する認識を共有しているからである。人間は間違いやすい。どんなに優秀な人間でも世界のすべてを正しく認識することなどできず、時に過ちを犯す。保守は理性への過信をいさめ、多様な他者との合意形成を重んじる。保守が疑っているのは、自己の正しさにほかならない。自分の見解は完全なものではなく、誤解や認識不足が含まれているかもしれない。だから、他者の見解に謙虚に耳を傾け、それが説得力を持ったものであれば柔軟に取り入れる。多数者の専制を慎重に避け、少数者の立場にも配慮した合意形成を目指すのが保守政治の王道である。

現在の安倍内閣は数の論理によって議論を遠ざけ、議会の存在を形骸化してしまっている。反対者の意見に耳を傾けることなく、人間の弱点につけ込んだ圧力をかけることで、議論自体を封じ込める。安倍内閣は保守からかけ離れている。

小林は安倍内閣を「新権威主義」と捉え、そこに自由民主主義の退行を見る。治安維持を目的とした立法を行い、メディアの情報操作、印象操作を行うという点で、「専制化や独裁化である」と踏み込んだ批判を行っている。

安倍内閣は保守の先人たちが全力で批判してきた政治勢力そのものに成り果てている。保守政治の崩壊こそ、安倍政治の特徴にほかならない。

■『北海道新聞』『東京新聞』『中日新聞』『西日本新聞』二〇一七年六月

五 思想とは態度である

今日、必要な古典

◎福田恆存『人間・この劇的なるもの』（新潮文庫）

戦後保守思想を牽引した劇作家の代表作。ここで福田は、人間の本質を「演劇性」に求める。福田によれば、人間は手放しの自由など求めていない。「ある役を演じなければならず、その役を投げれば、他に支障が生じ、時間が停滞する——ほしいのは、そういう実感だ」。福田であれば、労働現場からアイデンティティを奪う「派遣労働」に、強い批判を投げかけたであろう。「保守」が浮遊し空洞化する現代にこそ読み直されるべき一冊だ。

◎橋川文三『昭和維新試論』（講談社学術文庫）

戦後を代表する政治学者が、戦前期の「昭和維新運動」について内在的批評を試みた名作。橋川は、昭和維新運動に走った若者の精神を読み解きつつ、幸福からの疎外感や不透明な不安、苛立ち、鬱屈などの共有が、時代への反逆につながるプロセスを論じる。「希望は戦争」論が話題になり、秋葉原事件（二〇〇八年六月八日）などが起こる不安定な今日こそ、橋川の論考は参考になる。

◎**竹内好『魯迅』**（講談社文芸文庫）
批評家であり、中国研究者であった著者の代表作。竹内は「文学の政治的無力性」を理解した文学者こそが、真の文学表現に到達するとし、その表現が反転して重要な政治的意味を持つことの逆説を描いている。福田恆存のエッセイ「一匹と九十九匹と」と並んで、「政治と文学」というテーマを考える時の必読書。

◎**上田閑照『私とは何か』**（岩波新書）
京都学派の哲学を継承する哲学者が、一般向けに書いた哲学書。デカルトは「我思う、ゆえに我あり」と言ったが、上田は「我無し、ゆえに我あり」と説く。存在論の根本に「無」という概念を据える意味を、わかりやすい言葉で丁寧に説明する。

◎**ガンディー『真の独立への道――ヒンド・スワラージ』**（田中敏雄訳、岩波文庫）
ガンディーは、近代社会の害悪の典型として、「鉄道」「弁護士」「医者」を挙げる。ガンディーは、これらの存在こそが人間の欲望を無制限に解放し、無秩序な社会をもたらしていると主張する。百年前の著作でありながら、現代社会の問題を反省的に見つめ直すには絶好の書。

■『第三文明』第三文明社・六〇二号・二〇一〇年二月号・二〇〇九年十二月二十八日

政治的正しさを超えた高貴な人間――竹内好

竹内好には、いくつもの顔がある。

魯迅をはじめとする近代中国文学の研究者。真珠湾攻撃直後に「大東亜戦争と吾等の決意」を書き、アジア解放の実現に希望をかけた煩悶青年。一九六〇年の安保条約強行採決に際して「民主か独裁か」という問いを発し、大学教授の職を辞した運動家。権力に抵抗する民主的主体を確立するために「愛国」の重要性を唱えた革新ナショナリスト。戦後、否定的に扱われていた頭山満や大川周明の意義を再提起したアジア主義者。そして、毛沢東の思想の中に新たな世界の可能性を見いだそうとした「近代の超克」論者。

彼の一部を強調すれば「右翼」に見え、別の一部を強調すると「左翼」に見える。現在の「右か左か」という二分法的な価値観では、なかなかきれいに整理ができない。そんな人物が竹内好であり、それゆえに現在でも竹内は多くの人に読まれ続ける。

では、竹内は時代によって右に左にぶれ続けた人物なのだろうか。

それは断じて違う。

彼は生涯、一貫した思想と態度を通した人物であり、その一貫性こそが、未だに多くの人を魅了する源泉となっている。

竹内は、若き日から「迎合する優等生」への根源的な反発を有していた。教師に迎合する学生、権力におもねる知識人、そして欧米の帝国主義に追随する日本政府。彼は、このような迎合と保身の態度を嫌い、同調圧力に抵抗する主体の確立を説いた。そして、強い者や時代の空気に付和雷同しない者同士がつながり合い、近代のあり方を超克していく可能性を夢見た。

彼は、「優等生はドレイである」という見方を保持し続けた。彼の目には、欧米列強によるパワーポリティクスに追随した近代日本の主流派が「主体性を欠いたドレイ」だと映った。日本のエリートたちは近代のシステムに迎合し、抵抗することを放棄したがゆえに「優等生」として評価されたというのだ。

竹内は、ドレイとしての優等生となることを拒絶し、近代を乗り越える方法を模索した主体的人物を評価する。魯迅、頭山満、孫文、岡倉天心、タゴール、武田泰淳、中野重治、毛沢東……。

そして、自らもその理想を生きるべく、思想を行動によって体現しようとした。

彼は、若き日に書いた「大東亜戦争と吾等の決意」を生涯撤回しなかった。それは、彼の好戦性を意味するのではない。確かに「大東亜戦争」は政治的には間違っていた。そこにはアジアの解放を掲げながら各地を植民地支配していく「侵略性」がまとわり付いていた。しかし、「大東亜戦争」の思想的根拠となった「近代の超克」という理想には、欧米のドレイになることを拒絶する抵抗的主体性が確かに存在した。その態度を全否定するわけにはいかない。それにかけた情熱を簡単に放棄するわけにはいかない。だから若き日の文章を撤回しない。それが竹内の矜持《きょうじ》だった。

この姿勢は、のちの安保闘争における言論と教授辞職という態度にも、そして毛沢東の「根拠地」の思想を擁護するあり方にも貫かれている。さらに、戦後思想界が忌避した「アジア主義」「超国家主義」「近代の超克」にこだわり、その可能性と失敗の顛末を凝視し続けた態度にも表れている。

私たちはイデオロギーを超えて竹内の「態度」に惚れ続ける。そして、その態度こそが、彼の思想そのものだったことに心を打たれる。そこには「政治的正しさ」を超えた「高貴な人間」が存在するからだ。

竹内好の生誕から百年。現代の竹内は、思想界に現われるのだろうか。

■『毎日新聞』二〇一〇年十月二十日夕刊

反転する正統――河上徹太郎『日本のアウトサイダー』

インサイダーとアウトサイダー

近代日本において自覚的な保守思想家は、ほとんど存在しない。フランス革命を批判し、保守思想の祖となったエドマンド・バークは、全力で「正統なるもの」を擁護した。彼にとって、「正統」が「キリスト教の精神」であることは、疑いの余地がなかった。人間は根源的に宗教的動物であり、倫理や社会秩序の基礎となってきたキリスト教は、いかなる変化の中でも保守すべき精神の核だった。彼は人間の理性を過信し、合理主義によって新秩序を設計できると考えた革命家の軽率を批判した。そこには宗教的価値をないがしろにし、理性を神以上の存在として崇拝する近代人への疑念が含まれていた。

では、日本において「正統なるもの」とは、一体何だろうか。河上徹太郎は、日本における「インサイダー」＝「オーソドクシイ」を探求するために、アウトサイダーの群像を描こうとする。アウトサイダーを描くことでインサイダーを逆照射しようというのが『日本のアウトサイダー』（一九五九年）の趣旨だ。

しかし、河上は躓《つまず》く。いくら異端を描いても、その対抗者としての正統が浮かび上がってこない。「明治以来のわが文化の混乱、知識人の不幸は、正統を持たないことにある」。バークにとってのキリスト教のような明確な正統思想が、なかなか明示できないのだ。

では、日本には一切の正統が存在しないのか。

もちろん、そのようなわけはない。ただし、「近代」が規範的価値とされた明治以降の日本において、正統を探求する旅は回り道を余儀なくされる。

ここで河上にヒントを与えたのがチェスタトンの『正統とは何か』（一九〇八年）である。この書の冒頭には、有名な寓話が挿入されている。

ひとりのヨット乗りが、まだ見ぬ新大陸を目指して大海原に漕ぎ出す。彼は困難を乗り越え、遂に陸地を発見し、勇んで上陸。そこに高らかと国旗を立てた。しかし、そこは彼の故郷であるイギリスだった。彼は風に流され、方向を失い、母国の裏側に到着したのだった。チェスタトンは、「未知の発見という恍惚感」と「わが祖国に辿り着いた安堵感」を同時に獲得できたヨットマンの「栄誉」を讃える。この冒険者は異端の道を辿ったがゆえに、正統に到達することができたのだ。

河上はこの寓話を取り上げ、「私の趣旨にとってはピッタリ」と感嘆する。そして、近代日本を漂うヨットマンを探究することに力を尽くす。曰く、「わが国では、アウトサイダーがそのままインサイダーにな」り、「正統はただアウトサイダーの希望の中にだけある」。希望とは幻でありヴィジョンである。近代日本の異端者が抱いたヴィジョンの中にこそ、再帰的に獲得されるべき「正統」が存在する。

三好達治の叛逆と常識

河上がまず注目するのが、詩人の存在である。彼らはベンサム的功利主義に反発し、立身出世主義を退けた。彼らは、偽善に満ちた「近代」という皮膜にメスを入れ、存在の根元に切り込んだ。その結果、「叛逆的な詩人が正規の伝統を形作」るという逆説が生じた。

河上と同時代を生きた三好達治は「常識の側に立つアウトサイダー」だった。「彼にとって自明の理である常識が、世間で余りにも安易に踏みにじられていることへの憤りが彼のパッションン」だった。

三好は、敗戦後の東京の風景に衝撃を受けた。そこは焼け跡が広がる廃墟だった。人々は我先に食料に群がり、無残な醜態をさらしていた。喪失感に打ちひしがれた三好は、一編の詩を綴る。彼は都会の荒野に佇む靴磨きを描き、「行人よ靴いだせ」と叫んだ。

敗戦の恥辱と屈辱――。社会では欲望に身を任せた破廉恥な行為が繰り返される。そんな中で綴られた三好の詩には「やる方ない悲憤を歌う反俗の心が内にひそんでいる」。その詩人の姿は、「廃墟と同じようにうらぶれているように見えながら、――或いは、見せかけながら――実は決して腰はくだけていない」。「昂然と己が恒の心を持しながら、眼のみ果てない地平線の彼方まで焼跡のすべてを見透している」。

三好は、荒廃に立つ靴磨きだった。彼は世俗の狂乱に背を向け、毅然と立ち尽した。その憤慨の眼差しの先に、河上は「正統」の在り処を見た。

三好は、「ちつぽけな象がやつてきた」という詩も書いている。敗戦に打ちひしがれる中、東京にやってきた象の子供は、熱狂を持って迎えられる。人々は歓喜の声をあげ、象は銀座をパレードする。

彼は、この光景にシニカルな視線を向けた。敗残の身でありながら現実から目を背けようとする狂態に対して、一篇の風刺詩を突き付けた。一匹の象に熱狂することで、人々は何を忘却しようとしているのか。そのようなから騒ぎの果てに、何が残るというのか。

三好は、骨なしの世相に対して皮肉を投げかけることで、人間の尊厳を喚起した。河上は言う。「アウトサイダーは風俗を紊《みだ》す側に立つばかりでなく、この場合のように良識を護る正義派の立場もとるものなのである」。

彼が叛逆的な詩を通じて描こうとしたのは、見失われた常識にほかならなかった。そこで追求されたのは、混乱の中でも失われることのない精神の平衡感覚であり、羞恥心の根拠となる伝統の存在だった。

中原中也の原罪

河上は、中原中也にも注目し、その「純潔さ」に正統への渇望を読み取ろうとした。中原の敵ははっきりしていた。「それは何でも現実の生命のおおらかな流れを遮断して生きる大正期のリアリストのやり口で、その点でそれが古いブルジョアの生活感情でも、新しい社会学者の思想でも、敵として区別なかった」。彼は、「現代人の生命力の疲弊」を「生理的に嫌悪」し、結果的に「終末観的な絶望を懐《いだ》」くこととなった。

中原は、近代の裏側に人間の「形而上的秩序」を見ようとした。そこでは人間存在が自然の理法に適《かな》い、自己が宇宙に溶け込んでいた。

しかし、近代は彼を疎外し続ける。世界は表層的な偽善で覆われ、思わず笑い出しそうになる。しかし、その笑いは「嗤い」とみなされ、非難される。一方で、自己の存在も自然と遊離し、孤独が旋回する。社会に対しても、自己に対しても、笑わずにはいられない。ペシミズムが加速する。

中原はこういう悲運に一生つき纏われていた。この笑いは無垢であり、無償である。もうこうなると、中原が悪いのでもなく、相手が悪いのでもない。典型的なアウトサイダーというべきであろう。

（河上徹太郎『日本のアウトサイダー』中公文庫、二〇〇四年）

中原は、「不条理の底から、ギョロギョロした眼でこの世を見た」。そして、詩という切片の中に幻想のヴィジョンを描きこんだ。その言葉は、世界の「まやかし」を裁くことで美しさを獲得した。

彼は暗闇の中で、普遍的な基準を求めた。そうしなければ自己を保つことができず、また表現者としての純潔を保つことができなかった。結果的に、彼はキリスト教の信仰に接近した。

カトリックは中原にとって考え得べき最も完璧で、包括的な世界観であった。しかもそれが同時に、最も活きた実践倫理の面を備えていた。中原は恐らく、日本の近代詩人の中で最も形而上的要素が強かった人であろう。詩人は誰でも哲学的傾向があるというのではなく、一つのコンクリートな世界観を身につけるという意味でである。そしてその点で、彼は個性的な近世哲学よりも普遍的なカトリシズムに、より惹かれたのであった。その普遍性と包括性が、彼を力一杯自由に、人間的に振舞わせてくれるのであった。（同書）

中原は、キリスト教の「原罪」「宥《ゆる》し」「恩寵」「召命」といった概念から、根源的な安堵を得た。すべてが流動化する衝動的近代の中で、びくともしない存在の原理がどうしても必要だった。人間の理性など、信用に足りない。人間は存在自体の中に誤謬を含んでいる。存在そのものが罪深い。

この「原罪」の観念は、ペシミズムの強化につながるのではなく、彼を絶望から解き放った。「原罪」は「彼の行為を縛るより、正しい自由を与えた」。

罪だの救いだのいう瞬間的な現実を、過去から未来におよぶ有機的な時間で表象するキリスト教の考え方は、中原のように言葉より行為を、しかも無意識的な状態で捕えようとする詩人にピッタリなのである。こういうと理屈っぽいけど、中原は直観的にそれを感じ、しかも罪の意識の振幅の大きいカトリックの世界に浸って気安さを感じていた。（同書）

中原は、キリスト教によって、「裸の理性」が支配する近代から解放された。理性を超えた無意識は有機的な時間と接続し、彼に束の間の安らぎを与えた。しかし、それはなぜキリスト教でなければならなかったのか。近代日本において、キリスト教はいかなる意味を持ったのか。

内村鑑三における武士道とキリスト教

明治日本にキリスト教をもたらしたのは、ピューリタン系の宣教師だった。彼らは概して「高潔の士」であり、わが国民は「人格的に畏敬の念を懐いた」。

時あたかもわが封建制度が瓦解し、士族たちが武士道精神のやり場に困っていた時である。その情熱がキリスト教的個人道徳にすり換えられるのに好機だった訳だ。だから明治初期の入信者はおおむね旧藩士だった。しかも主として佐幕系の出だったことは、新政府の派閥に拒まれての抵抗乃至所在なさからであり、ここにキリスト教がその在野性とヒューマニズムの精神を発揮するのである。（同書）

佐幕系の旧士族たちは、近代的享楽や立身出世主義に溺れる新政府に反発した。その嫌悪感と屈辱の念は、アイデンティティの拠り所としての武士道精神を強化した。彼らは日本が近代化へと突き進めば進むほど、武士道への回帰によって自己を規定しようとした。武士道はアウトサイダーの精神的支柱となって再生された。

武士道は、武士なき時代に幻影として出現する。世相が汚染されるほど、武士道は純粋性を獲得する。そこに美しい日本が集約される。

　そして、武士道は反転してキリスト教と融合する。なぜなら、両者は「高潔」という点で一致していたからだった。ここに「近代日本の正統思想」がキリスト教となる逆説が生じる。

　この逆説を純粋に生きたのが内村鑑三だった。内村は、若き日にキリスト教に「回心」した。この「回心」は、「異教徒からクリスチャンへの抜本的な切り換えではなかった」。「それは生来いわば武士道的儒教主義で育てられた少年が、この教義を否定することなく、その延長の上にそれよりもっと完璧な体系で「義」というものが存在することを知った喜び」だった。

　内村は、西洋かぶれなどではなかった。彼は最も厳しい西洋近代の批判者のひとりだった。彼は近代文明の行き詰まりを直視し、欧米において形骸化したキリスト教精神を批判した。

　彼は「若々しい生命に満ちたキリスト教を日本に育てたく、また日本ならそれができると確信していた」。彼の信念は「キリストはこの日本なら、この日本なればこそ、再臨せねばならぬ」というものになり、「正統のキリスト教は日本だ」という確信に至った。


　彼は瑣《わず》かの不純も混えずに、キリスト教の罪と救いの根本義を通して日本人の心を見た。そのため何の先入観もなく日本人の純潔と汚れが見えた。（中略）彼は専ら日本人の心を持ち、それでもってキリスト教の信仰は偏えに正統を目指した。（同書）

だから内村は「正統なるが故にアウトサイダー」となった。その眼に映った「幻」こそが、日本における正統のヴィジョンにほかならなかった。

河上は、本書を次のように締めくくる。

正統とは、我々が生きてゆく限りその中にあって、次々に新しい養分を摂り、新しい世界を眺めて、重心を失わず動いてゆくものだからである。そして今私のこのアウトサイダー列伝がその姿を消極的にしか描き得なかったのなら、いつかはそれをまともに描く日が来るかも知れない。その場合にはこの結びの一文が、新しい本の序文になる訳である。

（同書）

現代を生きる私たちは、日本の正統を「まともに描く」ことができるだろうか。我々は、河上の続きを綴らなければならない。

■『表現者』ジョルダン（現ＭＸエンターテインメント）・五二号・二〇一四年一月一日

思想的羅針盤――福田恆存『人間・この劇的なるもの』

私が、大学に入学したのは一九九四年。総理大臣は細川護熙だった。ニュース番組では、「政治改革」という言葉が金科玉条のものとして飛び交っていた。翌九五年には、日経連が「新時代の『日本的経営』」というレポートを発表し、「長期蓄積能力型」「高度専門能力活用型」「雇用柔軟型」の三グループに分けるべきことを提言した。要は非正規雇用を拡大せよという呼びかけだ。

私は直感的に「おかしい」と思った。それは改革を叫ぶ人間の中に、自己の理性や能力に対する過信が存在すると感じたからである。自らの力によって社会を抜本的に変革し、よき社会を構築することができるという思い上がりこそが、社会主義者たちの犯した最大の過ちだったはずだ。なのに、冷戦崩壊後の自由主義陣営が過激な設計主義を唱えている。そして、その論理が極端な市場主義へと接続している。そんなことを続けていたら、社会の底が抜けてしまう。安定した人生の基盤が崩壊してしまう。

これはおかしい。そう思った私は、恐る恐る保守思想へと接近し、戦後を代表する保守の論客・福田恆存の代表作を手に取った。文庫本で一五〇頁ほど。短い本文を一気に読み、心を奪われた。

福田は「私たちが真に求めているものは自由ではない」と断言する。そして、人間が欲するのは「事が起こるべくして起こっているということ」であり、「その中に登場して一定の役割をつとめ、なさねばならぬことをしているという実感」こそ希求しているという。だから人間は普遍的に演劇的な存在だ。役割を演じることによって自己を確認する。その場所（トポス）こそが重要なのだ。

その通りだと思った。そして、「改革」の名において崩壊しているのは、トポスにほかならないと確信した。私が保守派を自認しながら新自由主義に反対し、非正規雇用化をはじめとする規制緩和を批判してきたのは、福田からの影響による。安倍内閣に批判的なのも、同様の理由だ。本書は今でも私の思想的羅針盤として、座右に置かれている。
■『共同通信』二〇一四年六月配信

最後の吉本隆明

私にとっての吉本隆明の最高傑作は、間違いなく『最後の親鸞』である。

この本は、一九七六年に春秋社から出版され、「最後の親鸞」「和讃」「ある親鸞」「親鸞伝説」の四編が収録された。一九八一年には「教理上の親鸞」を加えた増補版が出版され、現在はさらに「永遠と現在」を加えた文庫版が、筑摩書房から出版されている（二〇〇二年）。

私が最初に読んだのは増補版で、今、手元にあるのは文庫版である。しかし、私は一九七六年に出版されたオリジナル版が、最高傑作だと思っている。増補版と文庫版は、新たな論考が加えられたことによって、一冊の本としての完結性を喪失しているからだ。

増補版に加えられた「教理上の親鸞」も、文庫版に加えられた「永遠と現在」も、極めて優れた論考であり、親鸞を論じるには必要不可欠のものである。これらの文章からは、吉本の親鸞論が深化し、思想の核心に徐々に迫っている様をはっきりと見て取ることができる。〈吉本の親鸞〉の論理を理解するためには、このふたつの論考を欠かすことはできない。

にもかかわらず（正確には「だからこそ」）、私はオリジナル版こそが最高傑作だと思う。なぜか。

それは、『最後の親鸞』が親鸞思想を正確に論じようとしたものでも、斬新な解釈を加えようとしたものでもなく、作品全体が吉本という作家にとっての「詩」であるからだ。「詩」としての『最後の親鸞』は、オリジナル版で完結している。だから、「教理上の親鸞」が優れた論文であればあるほど、「永遠と現在」が優れたエッセイであればあるほど、増補版と文庫版は輝きを失う。やっかいなことに、「詩」とはそういう存在なのである。

しかし、なぜそんなことに私はこだわるのか。

それは、私が『最後の親鸞』という「詩」の「文体」に感化され、のちに仏教徒となる道を歩んだからである。『最後の親鸞』は、私の人生を変えた一冊にほかならない。「文体」とは怖ろしいものなのだ。

私が『最後の親鸞』を読んだのは、二十歳の時だった。

当時の私にとって衝撃的だったのは、冒頭の「最後の親鸞」もさることながら、二番目の論考の「和讃」だった。

吉本は、親鸞の和讃が「独り言のようにかかれている」ことに注目する。そして、その文章が、信者を触発するような「啓蒙の詩」としても、「儀礼用の詩」としても「はじめから失格している」ことを論じる。しかし、啓蒙や儀礼よりも「ひとり」へと引き込んでいった親鸞の文体に、吉本は真の「詩」を発見する。

吉本は、論考の最後を、こう締めくくっている。

親鸞は、浄土教義を全部うしなっても思想家でありうる、というように存在した。このことは、親鸞の和讃を〈非詩〉的にしたが、同時に、詩を書くがゆえにわずかにポエトたるのたぐいとちがうところで、かれの和讃だけがここに詩人があり、そしてじぶんの詩を書いたといえる与件を具えていたというべきである。

（吉本隆明『最後の親鸞』ちくま学芸文庫、二〇〇二年）

この「ひとり」へと引き込んでいく「非詩的な詩」こそが、吉本にとっての親鸞であり、私にとっての吉本隆明だった。

吉本は、親鸞を語る際、つねに「往相《おうそう》」「還相《げんそう》」という概念を取り上げる。そして、行き道である「往相」から帰り道の「還相」への転換点（仮の死）を過ぎた時に、はじめて本当の死が近づくといい、その「還相」を重視したのが親鸞だと論じている。

親鸞は九十歳まで生きた。

今年、吉本は八十六歳。彼は、「最後の吉本隆明」をどのように迎えようとしているのだろうか（二〇一二年没）。

吉本のアクチュアルな発言を、私はまったく期待していない。吉本は三十年ほど前から、すでに現代から置き去りにされている。そしてそのことに、多くの人は薄々、気づいている。

しかし、その姿が「最後の吉本隆明」なのだろうか。

吉本には「還相の文体」があるはずだ。「還相の自己表出」としての「非詩的な詩」が存在するはずだ。

それに接した時、私は、再び震えるだろう。

■『週刊金曜日』金曜日・八〇三号・二〇一〇年六月十八日

態度の思想家・吉本隆明

吉本隆明は、態度の思想家だった。

一九九五年夏、私は初めて吉本を目撃した。場所は兵庫県芦屋の講演会場。その日、吉本は「ヨブ記」について語った。

当時二十歳の私は、吉本の本を一冊も読んだことがなかった。「よしもとばななの父は、どうも戦後を代表する思想家と言われているらしい」という程度の知識しかなかった。しかし、「戦後を代表する思想家」が、どのような存在なのか見てみたいという好奇心に駆られて、講演会場に足を運んだ。

吉本は、「ヨブ記」を語る中で、親鸞の思想に触れた。そして、やや消化不良のまま、講演は終了した。手元には、事前に配られた質問用紙があった。休憩中に回収し、後半、吉本が選んで答えると言う。私は、次のような質問を書いた。

「親鸞は悪人正機を説いたようですが、オウム真理教の麻原彰晃は往生できると言うでしょうか」

この年の三月、地下鉄サリン事件が起こった。過去に麻原を評価する文章を書いていた吉本は、事件以降、厳しい批判にさらされていた。しかし、彼は動じることなく、言い訳がましい弁明もしなかった。

若い私は、吉本の言論にちょっとした苛立ちを覚えていた。自らの過去の言動から逃避しているように思え、あまりにも無責任ではないかと考えたからだ。私は、吉本への批判を込めて、質問を書いた。

どうせ選ばれないだろうと思っていた。しかし、壇上に再び姿を現した吉本は、はじめに私の質問を取り上げた。そして、正面をしっかりと見据え、確信を持った口調でこう言った。

「往生できると言うでしょう」

この後吉本は、麻原が「人間存在そのものの悪」への認識を持つならば、親鸞は「往生できる」と言うだろうという趣旨の話をしたと思う。しかし、私にはほとんどその記憶がない。

なぜか。

それは吉本の態度に圧倒されたからだ。そこには「保身」や「世の中へのすり寄り」を排した思想家の凄みがあった。

翌日、私は朝一番に書店に駆け込み、吉本の『最後の親鸞』を購入した。そして、一気に読み終え、湧き上がる衝撃に震えた。私は、この本をきっかけに親鸞思想に傾斜し、のちに仏教徒という自覚を持つに至った。

親鸞は「自力」を懐疑し、弥陀《みだ》の本願という「絶対他力」に随順した。そして、「愚禿《ぐとく》」「凡夫」を自称し、農民と共に歩んだ。その背景には、仏教界の権威的ヒエラルキーに対する批判があった。エリートによるスターリン主義を批判し、大衆に寄り添うことを是とした吉本は、親鸞の中に自己を見たに違いない。

親鸞の「他力本願」は、存在の平等性を前提としていた。すべての人間は、ひとしく他力の光に包まれている。弥陀の本願力は、全存在に平等にそそがれる。衆生は、その力に促され、念仏を唱える。そこに浄土への道が保証される。エリートだろうが、大衆だろうが、存在の平等性は揺らがない。

人間はひとり残らず「存在することの罪」を背負って生きている。この罪（sin）は、刑法上の犯罪（crime）とは異なる。人間は自己の生を継続するために、動植物の生命を奪い続ける。子孫を残すためには、性欲を発露しなければならない。存在には平等に「罪」と「悪」が内包される。

吉本は、親鸞が追求した「凡夫の思想」に、「大衆／エリート」という二分法を乗り越える論理を見いだした。そこでは、煩悩にまみれた人間の存在論的平等が前提とされた。

しかし、それでも吉本の居心地は悪かった。彼は下町の中下層出身の自己が、大衆に寄り添うと言いながら、エリート社会で言説を紡いでいることの矛盾に、常に自覚的だった。彼は大衆とも一体化できず、エリートとも一体化できない不安を引き受けるしかなかった。

その時吉本の前に、やはり親鸞が現れた。

親鸞は「非僧非俗」という不安定な場所を、積極的に引き受けた。彼は、僧侶という特権的な宗教エリートではなく、かといって俗社会に埋没するわけでもない孤独の場所に立った。彼は大衆と共に歩みながら、大衆を超越していた。この絶対矛盾の場所こそが、「非エリート非大衆」としての吉本の住処となった。

吉本は、常に背もたれのない場所に着地しようとした。彼は権威や組織に寄りかかることを拒否し、自己を囲い込もうとする勢力を一蹴した。彼はイデオロギーを抱きしめる愛撫の共同体に背を向け、時に痛烈な批判を投げかけた。

だから、吉本は親鸞が浄土の実在を懐疑的に捉えたことに、強い共感を示した。吉本は、浄土という絶対的な空間に包摂されることを、断固として拒絶した。なぜなら、特権的な浄土から発せられる言葉は、啓蒙の言葉にほかならなかったからである。吉本にとって、浄土という「悟り」の場所は、大衆からの乖離以外の何ものでもなかった。

親鸞は念仏を唱えることによって、浄土へ行くことを約束された「正定聚《しょうじょうじゅ》」の位に就くことができると説いた。吉本は、この「正定聚」の位に注目し、自己の場所と見定めた。吉本は「そこ」を「生きていることと、死ぬこととのあいだにある場所」と定位した上で、次のように述べている。

「正定聚」の位とは何かといいますと、そこから逆にじぶんの生きている姿とか、人々が生きている姿とか、この社会の姿とかをその場所から見ますと、ふだんおなじ場所でおなじ眼の高さで見ている社会とか、他の人間とかの見え方とちがう見え方が、人間についても社会についてもできるはずだということを言っているとおもいます。だから〈還相廻向〉ということを、信仰の世界ではなくて還ってくる見方ということでかんがえてみますと、「正定聚」の位のところから、現実に見える世界を見たり、人間を見たりすると、ちがう見え方をしますよっていうことを言っているんだとおもいます。

（吉本隆明『親鸞復興』春秋社、一九九五年）

吉本は、「正定聚」という場所から人間社会を捉え直し、再び大衆社会に「還ってくる」ことを重視した。彼はこの永遠の反復運動の過程で、言葉を発し続けた。

親鸞も吉本も、大衆と共にありながら「ひとり」であることを自覚した人間だった。吉本は『最後の親鸞』に収められた「和讃」という文章の中で、「親鸞の和讃は、独り言のようにかかれている」と述べている。吉本曰く、和讃は「どうかんがえても、唱い伝えて他者を誘うのに必要な甘美さが欠けて」おり、「儀式用の詩としても、はじめから失格している」。『歎異抄』の「弥陀の五劫思惟の願をよくよく案ずればひとえに親鸞一人が為なりけり」と照応するように、親鸞の言葉は「ひとり」へと向けられている。

吉本は、この「非詩」的な言葉の中に、真の詩人の言葉を見いだす。

> 親鸞は、浄土教義を全部うしなっても思想家でありうる、というように存在した。このことは、親鸞の和讃を〈非詩〉的にしたが、同時に、詩を書くがゆえにわずかにポエトたるのたぐいとちがうところで、かれの和讃だけがここに詩人であり、そしてじぶんの詩を書いたといえる与件を具えていたというべきである。
>
> （吉本隆明『最後の親鸞』ちくま学芸文庫、二〇〇二年）

親鸞が「ひとり」に向けて言葉を紡いだように、若き日の吉本も「ひとり」に向けて詩を書き綴った。この共同性と単独性の絶対矛盾の場所が、吉本の「正定聚」の位だった。

吉本は、大衆に寄り添いつつ、世の中の風潮や権威に寄り添わない人間だった。それは言論活動だけでなく、日常生活の微細な部分にまで及んだ。吉本は、決然として人を裏切らなかった。彼は思想に誠実であるがゆえに、人にやさしく、言論に厳しかった。その一貫した態度が、多くの人の実存と触れ合ったのだろう。吉本信者の原像は、吉本の態度への愛着に還元される。

私が吉本と対面し、言葉を交わしたのは、二〇〇七年の『毎日新聞』紙上での対談だった。私は近年の吉本の言論に、違和感を持っていた。八〇年代以降の消費主義への傾斜には、喜劇的な空回りを感じ、小泉構造改革への評価にも強い疑問があった。私は、この点を誤魔化してはならないと思った。

私は対談の最後に、こう尋ねた。「最後の吉本隆明は、どこに立っているのですか」

吉本は、私の質問の批判的含意を、即座に理解したようだった。そして、何かを嚙みしめるように笑い、微かに頷いた。

吉本は、私の問いに対する答えを、言葉にはしなかった。しかし、妙に嬉しそうに、同時に照れたような表情で、私の目を何度も見た。おそらく吉本は、若き日の自己を想起したのだろう。失礼な質問を不躾に投げかけ、勇み足で挑みかかる若者に対して、彼はやさしく、実に楽しそうだった。

吉本は、一貫して態度の思想家だった。私は吉本と、正しく出会い、正しく別れたと思っている。輪郭の大きな人だった。

■『KAWADE夢ムック 文藝別冊 さよなら吉本隆明』河出書房新社・二〇一二年五月三十日
＊『毎日新聞』二〇一二年三月二十一日夕刊記事を加筆のうえ転載

大切なものを捨ててはいまいか

――鶴見俊輔／関川夏央『日本人は何を捨ててきたのか　思想家・鶴見俊輔の肉声』

鶴見俊輔は、いつも人を真っすぐ見つめる。彼は人間の価値を、規制の枠組みの内部では捉えない。

学歴、肩書き、地位、名誉……。彼は名刺を投げ捨て、権威を疑う。そして、合理的思考の外部に属する人間の性質《たち》に、本当の価値を見いだす。

鶴見に小賢しさは通用しない。そんなものは、人間にとってなんの価値もない。「樽」の中の論理は、「樽」が崩壊すると、なんの役にも立たなくなる。それどころか、「樽」に合わせて自己を形成した人間は、「樽」の崩壊が自己の崩壊につながる。そんな自己を抱きしめて生きることに、なんの価値があるのか。

鶴見は、この「樽」の中の論理を「一番病」と言う。既成の「正しい答え」を即座に割り出し、権威者の顔色を見る。そして一歩ずつエリート街道を突き進み、自己を失っていく。一番病患者は「パブロフの犬」なのだ。

鶴見は言う。「エジソンは、東大に入れない」

戦後、丸山眞男は「ファシズムというものは、亜インテリが作った」と論じた。そして、東大生を前に「皆さんは東大に受かっておられるんですから、亜インテリではありません」と述べた。

鶴見は次のように言い返す。「東大に入っているから亜インテリなんじゃないか」

鶴見が認める本物のインテリとは、本質と向き合うことのできる人間だった。そして、その行為を通じて自己の小賢しさと対峙し、行為によって乗り越えようとする意思こそが真のインテリジェンスだった。思想は観念ではなく、態度に表れる。「語り口は思想なんです」。

鶴見は、ポケットに入った金を全部出せるかどうかに思想を見た。彼は、高度成長に「逆回り」する人間を「大した男」と見なした。そこに右翼も左翼もなかった。存在したのは、態度だけだった。

鶴見はべ平連の活動中、収入の大半を運動につぎ込み、「経済的には破綻に瀕し」た。各地を演説して回ったため、肉体的にもボロボロになった。妻は心臓病になりながらも、いつ誰が家に来ても「飯を食べられるようにしていた」。この姿こそが、鶴見にとっての思想だった。

鶴見は言う。「いい人がいけない」

さらに言う。「真面目な人、いい人は困る」「正義の人ははた迷惑だ」

なぜか。

それは「いい人は世の中と一緒にぐらぐら動いていく」からだ。「いい人ほど友達として頼りにならない」

それに引き換え「悪党は頼りになる」。それは「悪党はある種の法則性を持っている」からだ。鶴見が重視するのは、世の中と一緒にぐらつかない「ある種の法則性」である。「樽」が崩壊してもびくともしない価値の基準だ。

しかし、そんな価値は、近代以降の世の中ではいつも敗北を味わう。ポケットの中の金をすべて出しても、小賢しい世界に押しのけられる。負け続ける。

だから鶴見が大切にするのは「負けっぷり」である。ただぼんやりと負けたのでは意味がない。「負けっぷり」を示してこそ、価値のある負けなのだ。鶴見は、これを「敗北力」と呼ぶ。

――日本人が捨てたものとはなんだったのか。

この問いは、「自分は大切なものを捨ててはいまいか」という問いとなって読者に返ってくる。私たちの態度こそが問われているのだ。

我々は本気で負けているだろうか。自己への問いのないところには、敗北も存在しない。

■『ちくま』筑摩書房・四八六号・二〇一一年九月号・二〇一一年九月一日

鶴見俊輔の岩床――『昭和を語る 鶴見俊輔座談』

保守の「岩床」

『昭和を語る 鶴見俊輔座談』（二〇一五年）は戦後日本を代表する知識人・鶴見俊輔が一九六〇年代から九〇年代にかけて行った特色ある対談・座談を集成したものである。本書のキーワードは「岩床」。鶴見は表層的な右派／左派の壁を越え、人間の本源的な行動原理に迫る。

鶴見が評価する人物は、一貫した「岩床」を持った人物である。人はどうしても時代に左右されやすく、変化に迎合する。二十三歳で終戦を迎えた彼は、戦中と戦後で発言や態度を一変させる人間を多く目の当たりにし、嫌悪した。彼は小賢しい人間を横目で見ながら、変わらぬ岩床を持つ人間に敬意を寄せた。

鶴見にとって「自分の古さを自覚し、岩床を探ろうとする」人間こそ、真の保守主義者だった。本当の保守は、時代に阿《おもね》らない。変えることのできない価値に信頼を寄せ、庶民の集合的経験知を重視する。一時の断片的熱狂に冷水をかけ、極端なものを嫌う。そのような一貫した態度こそ、保守の神髄である。

鶴見は「日本人の精神的伝統としての岩床」を「自発的な非国家神道」に求める。その特色は『思想？　フーン、そんなもの……』という思想嫌い」にあり、「思想を重く見ないという思想」こそが、日本的伝統の「岩床」だという。

鶴見は言う。

たとえば、国体明徴とか目をつり上げないで、「人柄がいいなら、マルクス主義者でも何でもいいじゃないか」というようにして、助けてくれる人がいるでしょう。夢野久作はまさにそうなんですね。彼の秘書は共産党なんだ。自分は玄洋社の系統なのに、まったく平気でいる。あれが非国家神道だと思いますね。

（『昭和を語る　鶴見俊輔座談』晶文社、二〇一五年）

これは鶴見自身が依拠した「岩床」そのものである。彼は小手先の思想など、相手にしない。それはＩＱや偏差値の表象であり、生きることの「岩床」にはなり得ない。

――利口であることに、なんの価値があるのか。そんなものに頼って生きてどうするのか。

鶴見にとって大切なものは「態度」であり、「人柄」である。表層的な思想やイデオロギーを超えた「生き方」にこそ価値はあり、その認識にこそ日本の伝統がある。

鶴見は、土着世界の精神に依拠した夢野久作を高く評価した。夢野は玄洋社の反功利主義的側面に強い愛着を持ち、憧憬の念を示しているが、この精神にこそ鶴見が抱きしめた「岩床」がある。エリートの「一番病」に厳しいまなざしを向け続けた鶴見の哲学が、ここに集約されている。

伝統と反戦

鶴見は「保守的な立場からの平和思想、反戦思想というものがありうる」と主張する。その具体的な代表は田中正造である。

田中は幕末に、御殿新築のために税金を多くとろうとする領主と衝突した。この時、田中は領主に対して昔からのしきたりを守るよう訴えた。長年培ってきた慣習を踏み外し、自らの功利的欲望によって村民を苦しめることは、伝統に反すると訴えたのだ。鶴見はこの田中の「流儀」こそ、保守の精神だと強調する。

この流儀の延長上に、本来であれば日本の中国侵略を批判する言説が続々と出現すべきだった。日本が欲張りすぎるのはよくない。中国人の主体性を重んじるべきだ――。そのような声が、保守の側から一斉にあがるべきだった。しかし、その声は数少なかった。

鶴見が気骨をもった保守主義者として評価するのは、水野広徳と石橋湛山である。水野はリアリズムの観点から日米非戦を訴え、石橋は大陸進出を批判する「小日本主義」を説いた。しかし、このような「本格的な保守主義」は「まったく重んじられなかった」。鶴見はここに日本の保守主義の脆弱性を読み取る。日本では保守の「流儀」が「一つのつよい流れにならないできた」。「日本では保守主義の流れはたいへんに薄かったと言わざるをえない」。日本は保守化したことによって無謀な戦争に突入したのではない。保守的な精神の喪失こそが、平和の道を踏み外す契機となったのだ。

鶴見の見るところ、日中戦争や大東亜戦争は、日本の伝統からの逸脱である。そもそも日本の伝統社会において、殲滅戦は存在しない。一方的な侵略もない。

日本の村では殲滅戦をしないんですね。あいつはわるいやつだと言って、いろいろな悪知恵を働かせて、ジリジリといやがらせはするんだけど、ブッ殺してしまうまでの思想的な差別とかはしない。ほかの村へ攻めていって、そこを隷属させることもしないんです。そういう習慣がひじょうに長いあいだ村のなかにあって……。（同書）

鶴見が高く評価するのは、明治以前の土着世界における「宗教的な伝統」である。「村の思想」

は生活実践に依拠し、人間の能力に対する過信をいさめる。「自分自身が普遍者だという思い上がりがない」。だから、他者に対して寛容であり、外来思想も柔軟に受け止める。多様な宗教も「あるていどの飾りとして受け入れる」。

しかし、明治国家によって再編された国家主義的「伝統」は、土着的なものを排斥する。「村の思想」は「万邦無比の「国体」思想」に転換され、世界を画一化しようとする。そこには〈創られた伝統〉しか存在しない。歴史の風雪に耐え、多くの民衆の経験知に支えられた伝統は足蹴にされる。今取り戻さなければならないのは「村の思想」である。土着世界の伝統こそ、再帰的に引き受け直さなければならない。

鶴見が、あえて村の伝統の再興を主張するのには、訳がある。それは戦後日本が掲げる平和思想の弱さに不安を抱いているからである。

戦後の平和は、敗戦によって外から与えられたものだ。自らの手で主体的に選び取ったものではない。日本人は、もう一度、主体的に平和を選択しなければならない。しかも、その根拠を外の思想に求めるのではなく、自らの民族的伝統に求めなければならない。現代社会と村の伝統を連続させなければならない。

いまは戦争に負けたときに平和国家になった、ならされたということが既成事実としてつづいているのであって、自発的とは言えない。そこが困るんですよ。明治以前の村の文化と戦後の国家規模における平和思想とが、ある方法で連続したときに初めて、われわれはもっと安定したかたちをもつと思います。村が現実に亡びつつあるときに、その思想を何らかのかたちで復活させることはむずかしいですが、その方向に未来を求めたい。（同書）

鶴見は庶民が蓄積してきた伝統と戦後日本がつながることで、平和の基盤を強化しようとした。そこには無名の死者たちに対する深い愛着と信頼が存在した。

フランスの思想家ポール・ヴァレリーは「湖に浮かべたボートをこぐように人は後ろ向きに未来へ入っていく」と言った。鶴見は戦後世界の中で、過去を凝視しながらボートを漕いだ人である。今は亡き常識人たちと連帯することで未来を紡いでいこうとした哲学者である。私たちは、そんな鶴見の「態度」に心を揺さぶられるのである。

反進歩の英知

鶴見は戦後日本の左派陣営の中にあって、一貫して合理主義的な「進歩」を疑った人物である。進歩を掲げる人間には、自らの能力に対する過信が潜んでいる。「一番病」の驕りが付着している。この傲慢な姿勢に、根源的な疑義を呈さなければならない。それが鶴見の生涯をかけたテーゼだった。

対談者の司馬遼太郎が過剰な技術文明や消費社会に疑問を投げかけ、「停頓の思想」を提起すると、鶴見は全面的に同調し次のように言う。

進歩というのは、より大きなエネルギーを使うことでしょう。より大がかりな機械じかけで、よりエネルギッシュな暮らしをすることは、いまを愉しむこととは違うんですね。だから、それを無限にやっていたら、人類は早めに終わってしまうんじゃないか。（同書）

鶴見にとって、アメリカとソ連はイデオロギー的に敵対しているように見えながら、同根の存在だった。両者は資本主義と社会主義という表層的差異を持ちながらも、共に「進歩の幻想にしがみついている」点で同じ病に罹っている。そして、他ならぬ日本もその一員として、戦後世界を滑走している。鶴見の批判は、現代社会が陥っている進歩主義的合理主義そのものへと向けられる。

鶴見と司馬が〈停頓の思想家〉として共に評価するのは柳宗悦である。柳は庶民が作る日用品の中に〈計らいを超えた美〉を見出し、「民芸」という概念を生み出した。そして、在地社会の文化の多様性を重視し、国家による国民文化の均一化を批判した。鶴見はこのような多元主義的な態度の中に「ある種の保守」を見いだし、現代日本において「それができないのは、保守の契機がよわいからなんだなあ」と嘆く。

現代日本は進歩の病に取りつかれている。「停頓」を引き受ける勇気を持てていない。その道は必ず行き止まりになり、退却を余儀なくされる。早晩、日本人に進歩や拡大への諦念が突き付けられる。その必然性は人口問題にある。

鶴見は一九七九年の時点で次のように言っている。

> いま人口増加が止まっただけでもたいへんなことなんです。こんどはそれを減らすんですよ。その方向でいい国になるんだというヴィジョンを、政治家も、国民全部がはっきりともつことですね。（中略）人口の停滞は、戦後日本のつくり出した、もっとも偉大な思想的達成です。それぞれが自分の暮らしをゆっくりと考え、エゴの利益を見つめた。公のことを考えてそうなったんじゃない。
>
> （同書）

人口が減ることは、生産年齢人口が減ることになり、消費の総量が減少することを意味する。

当然、国民総生産は下がる。しかし、鶴見と司馬は言う。

鶴見　日本の人口が半分の五千万人になれば、そうとうに住みやすくなるでしょうね。

司馬　なりますね。

（同書）

進歩の前提を奪われた時、我々日本人は初めて伝統と向き合うことができる。庶民の日常が受け継いできた〈平凡の非凡〉を継承することができる。そこにスタビリティ（安定性）とサステナビリティ（持続可能性）を兼ね備えた成熟社会が確立される。鶴見が見据えた未来は、過去に照らされた停頓の希望にほかならなかった。

「期待の次元」と「回顧の次元」

鶴見は、一貫して右翼思想家の葦津珍彦《うずひこ》を高く評価した。葦津は玄洋社と深い関係を持つ民族派で、戦後に神社本庁の設立に尽力した人物である。鶴見は「葦津珍彦氏を尊敬している」と明言し、「えらい右翼もいるんですよ」と賛辞を述べている。

なぜ、鶴見は葦津を評価したのか。

わたしは、当時占領批判をつづけた右翼――たとえば葦津珍彦などは神社の問題などで占領軍と渡り合っていますが――は本格的だと思うんです。そういう右翼は、しかし、十五年の戦争のあいだに少なくなり、結局は政府のおこぼれにあずかるような存在に変質してしまった。葦津氏などは、戦争中から戦争批判をし、占領時代には占領批判をするという一個の右翼思想家ですよね。こうした伝統はきわめて少ない。（同書）

葦津は「岩床」を持った思想家だった。彼は日本の対外戦争を批判し、戦後はアメリカの占領を批判した。その一貫した態度を鶴見は高く評価し、自らが中心となった雑誌『思想の科学』に葦津を招いて対話した。

葦津の「岩床」とは何か。

わたしは、葦津珍彦氏の気持ちはわかるんです。社会主義であろうと何であろうと社会のかたちはどうであっても、天皇はつねに日本民族の象徴であってほしい。できれば財産ももたず、無欲の存在でいてもらいたい。それが葦津珍彦氏の立場ですね。それが右翼思想だとすれば、よくわかるし、それに対しては敬意をもっているんです。（同書）

鶴見が葦津を評価したのは、「期待の次元」を生き続けた人物だったからだ。人は往々にして現在の高みから過去を見下ろし、「回顧の次元」から過去の自分の「期待」を足蹴にする。その結果、現在の期待は、未来の回顧によって打ち捨てられる。現在の高みに立とうとする人間は、過去を裏切り続け、未来から裏切られ続ける。鶴見はそんな「回顧の次元」に生きる人間を信用しない。

期待の次元と回顧の次元とを混同してはいけないのだが、敗戦のときの言論の指導者にはそれがあった。自分はどういう気持ちで十五年戦争をしてきたのか、自分がまちがえたときの期待の次元をもう一度自分のなかで復刻し、それを保守すべきだったのに、そのときに、占領軍の威を着て、嵩にかかってまちがった戦争だった、わかりきっていたことだと回顧の次元だけで、あの戦争を見たでしょう。あれがまずいんですね。（同書）

鶴見はこの文脈で、丸山眞男を評価すると共に、吉田満を高く評価する。吉田は「戦艦大和が沈められて自分が漂流しているときに、自分のなかを行き交った心象をそのまま定着した」。「期待の次元での戦争像から手を放さないでいた」。このような一貫した態度の人間こそ、鶴見が信用を置いた人物にほかならない。

戦後への反逆

一方で鶴見が嫌悪したのは、戦後になって態度を一変させる人の存在だった。鶴見曰く「こわいのは、戦争中はまったく別なことをやっていたのに、戦後急に、自分でなければと、さも新しさの権化であるかのように、若者といっしょになって出てくることですね」(同書)。

彼がその典型と見なしたのは、「東大の新人会の連中」だった。新人会は一九一八年に赤松克麿・宮崎龍介らが結成した東京帝国大学を中心とする学生運動組織で、のちの無産政党指導者や労働運動のリーダーを輩出した。しかし、赤松や宮崎は一九三〇年代以降、日本の軍国主義に追随し、戦中には対外的膨張主義を積極的に推進した。一方、戦後になると平和運動に合流し、革新勢力の一翼を担った。

鶴見は次のように言う。

戦後、昭和六年から二十年までの無謀な戦争のなかでリアリズムをかみしめて、水野広徳的な流れが出てきたらよかったんですが、やはり出てこなかった。出てきたのは、戦争中に旗を振って指導者だった東大の新人会の連中で、彼らはこんどはキツネを馬に乗せたみたいに占領の上に乗っかり、それでまた旗を振った。それが進歩的文化人の原

型になるんですね。もともと占領の上に乗っただけだからよわい。（同書）

鶴見は革新勢力の脆弱性を指摘した上で、「東大新人会的な進歩主義の終わり」を宣言している。彼は「進歩的文化人」の列に加わろうとしなかった。また非転向を誇る共産党メンバーに対しても態度の「思い上がり」を嫌悪し、同調しなかった。彼はマルクス主義にも理性への過信を読み取り、そのイデオロギーに組しなかった。

鶴見は戦後日本の支配層に対しても、厳しいまなざしを向けた。彼らは「戦争協力した事実を隠すことによって、占領軍がとりしまるのにまかせて、なんとか逃げようとした」。戦後日本は戦勝国と戦敗国の共犯関係によって成り立っている。

彼が注目するのは原爆についての言説である。被害者であるはずの日本人指導者は、原爆被害の実態を隠ぺいしようとした。それは、被害を隠したいアメリカ人指導者と連携した行動だった。戦争の加害国と被害国は、自らの保身のために手を結ぶ。

落とした国と落とされる国というのは対立するんじゃなくて、両方がいっしょになって共謀して隠す部分が出てくるんだ。（同書）

このような時局便乗に抗するためには、やはり「本格的な保守主義」が確立されなければならない。庶民の伝統が継承してきた「村の思想」がどうしても必要となる。土着の思想と平和主義を一体化させ、日本という国民国家の「岩床」を確立しなければならない。

鶴見は言う。

十五年間もあんな戦争をやったんだから、水野広徳的な反戦思想が用意されていなければならないはずだし、それが日本が国家として、国民として寄りかかるに足る思想の共通の河床＝岩床だと思いますね。（同書）

しかし、戦後の保守派は反左翼的な進歩派批判ばかりで、共通の「岩床」を持てていない。水野広徳を継承できていない。

保守派とは水野広徳的なものであって、いま居丈高になっている「保守派」とは違うものでしょう。いまの「保守派」は、いままでおまえたちは岩床を探せないでいたじゃないかという、進歩派批判にだけ終始している感じですね。（同書）

この保守論は、今から三十五年以上前になされたものだが、現在でもまったく色あせていない。むしろ痛切な保守派への批判となって現在を射抜いている。「進歩派批判にだけ終始している」自称保守に、なんの価値もない。彼らは「岩床」を持てていない。

自己を突き刺す

では、鶴見自身はいかなる戦中戦後を生きたのか。彼は戦争中を振り返りつつ、戦後に主導した転向研究について、次のように述べている。

わたしは万が一生き残ったら、『転向』という本を書きたいと思ったんです。自分自身が、戦争中に無気力な状態に落ち込んだという自分の転向という事実にかぶせて、わたしが子どもだったときに綺羅星のごとく並んでいた進歩的評論家、学者は、清沢洌や宮本百合子、広津和郎とか、ほんの数人の例外を除いては、ほとんど〝鬼畜米英〟の旗を振っていたでしょう。その人たちの動きをキチッと書きとめたいと思った。それは昭和十九年（一九四四）の二月のことで、遠くまで見える感じがして、戦後もそこから手を放すまいとしてきたんです。共産党が獄中で非転向をつらぬいたのはいまでもえらいと思うけ

れども、もっと重大なのは、転向という事実の遺産ではないかと考えたんですね。（同書）

鶴見の転向研究は、「戦争中に無気力な状態に落ち込んだという自分の転向」の痛みに立って進められたものだった。彼は戦争中に抗議の声をあげなかった。政府を批判し、牢屋に入れられることもなかった。仲間を救うこともできなかった。「なんとかして殺さないで自分が死にたいというということが、わたしとしては理想の極限だった。だから、病気で死なせてほしいというのが、日夜の祈りでした」（同書）

この「無気力な状態」を、彼は「転向」と捉えた。そして、自己の「事実」を置き去りにせず、戦後の高みに立つこともせず、自己を突き刺しながら研究を進める道を選んだ。

「八月十五日に君は何をしていたか」と題した羽仁五郎との対談（一九六八年）では、羽仁から厳しい言葉を投げかけられ、うろたえている。

羽仁　いや、それよりもう一つ手前に、八月十五日におまえはどうしていたかということを聞いてくれないのは残念だ。八月十五日にどうしたかということは、そのときものごころついていた人間にとって決定的なことだ。

（中略）ぼくは、八月十五日に友だちがぼくの入れられていた牢屋の扉をあけて、ぼくを出してくれるんだと思って、一日待ってたよ。
鶴見　そうでしょうね。わたしはあけてとうぜんだと思いますね。わたしは、自分がそれができなかったという後悔はもう二十三年間、ずっと引きずっていますね。（中略）
羽仁　いや、その君でさえ、かけつけてきて鍵をはずしてくれなかったのだからな。それが、つまり八月十五日、戦後の日本国民の第一の最大な問題だとぼくは思うのだ。（同書）

羽仁は、対談の最後に次のように言い残している。

八月十五日が戦後のすべてであり、戦後のすべてがそこで決定されたんだ。あとは、次の八月十五日がいつ来るかだ。（同書）

鶴見の人生は、この痛みの延長上に展開された。彼は繰り返し自己を責め、時に鬱状態に陥りながら、戦後世界と格闘した。その七転八倒する姿こそが、鶴見の思想だった。鶴見の思考は、鶴見の人生を置き去りにしなかった。
人は高邁な理想を声高に語りたがる。しかし、その思想を生きることは思いのほか難しい。反権威主義を叫びながら、日常世界では権威主義的に振る舞う進歩派が多い中、鶴見は「態度」

によって価値を表現しようとした。生き方が鶴見の思想そのものだった。だから鶴見の言葉には時代を超えた強度がある。

粕谷一希との論争

しかし、鶴見は左翼知識人・進歩的文化人というレッテルを張られ、通俗的な理解の中で批判されてきた。その代表が本書に収録されている粕谷一希「戦後史の争点について——鶴見俊輔氏への手紙」である。

粕谷は次のように言う。

鶴見さんは日本の保守派が、政府と国家を同一視しがちなことに危惧をもたれていますが、保守派は日本の進歩派が、政府や体制を否定することで、トータルな国家否定にいたることを危惧しているのです。
（同書）

粕谷は、鶴見が「市民の論理」に依拠しつつ、「国家の論理を否定」していると批判した。鶴見の立場は「無国籍市民」の礼賛であり、国民国家そのものの解体を目指していると言うのだ。

これに対して、鶴見は次のように答えている。

民族の自己同一性をうしなわずに、敗戦と敗戦後の状況をどのように生きるか、という問題が、日本の戦後思想の重大な問題となってきました。この場合、日本民族の自己同一性が、そのまま、日本国家の自己同一性ではないということ（両者は関連はありますが）、それをつよく主張したいのです。さらに、日本民族の自己同一性は、そのまま現政府の自己同一性ではないということもはっきりおぼえておきたいことです。その区別の中に、日本国家批判、日本政府批判の根拠があります。（同書）

鶴見にとって、「民族の自己同一性」は「村の思想」にあった。無名の庶民たちが紡いできた経験知の蓄積こそ、民族のアイデンティティだった。その豊穣な世界を分断し、価値の転換を迫る存在こそ近代国家だった。鶴見は功利主義と一体化した現代国家を、庶民＝市民の立場から批判したのである。

ここで鶴見が依拠する「市民」は、「私とつきあいのあるこの土地の誰かれ」であって、「無国籍の市民性」ではない。「隣の熊さん八っつぁん」を人類の一員と捉え、そこから人間のあり方・世界のあり方を展望することこそ「市民」の立場である。具体的な生活世界の「誰かれ」

から世界と接触することこそ「all natural persons」という普遍へとつながり、地に足の着いた価値観が継承される。ここに「世界国家という架空の枠の中で考える種類のコスモポリタニズムと向きあうもうひとつのコスモポリタニズムの芽」が存在する。ひとつ飛びに「国家」「国民」という概念を振りかざす抽象的人間観こそ、具体的人間を見失っている。

鶴見は再び保守思想の重要性について言及し、次のように述べる。

私は、保守主義者を重んじたいと思っています（その心がけどおりに私が行動しているかどうかはわかりませんが）。その保守主義が、みずからのうちにうたがいをもっていることを、つよく希望したいのです。保守主義が、みずからの現在の思想にたいしてうたがいをもち、そのうたがいが自分のうしろだてとなっている国家に及ぶような保守的懐疑主義としての機能を何らかの仕方で保つことを希望します。そうであれば、保守的であるということが、そのまま、国家批判の権利を放棄することにならず、まして、現政府のきめた政策をそのままいつも支持するという立場をとることとかならずしもつながらなくなります。

戦争中から戦後をとおって今にいたるまで、私が、こだわっているのは、保守主義がそのまま国家批判の権利の放棄につらなるありかたです。（同書）

鶴見が強調する「保守的懐疑主義」は、保守思想の中核にある観念である。保守は人間の完成可能性を疑っている。あらゆる人間は無謬の存在ではない。倫理的にも知的にも限界を持って生きている。そんな不完全な人間は、不完全な社会しか構築できない。過去・現在・未来のいずれの時間においても、人間は不完全な世界の中で生きざるを得ない。保守の人間観・世界観は、完成への積極的諦念を基礎として成り立っている。

当然のことながら、国家のあり方も常に誤謬を含み、時代の荒波の中で変化を余儀なくされる。問題があればそれを正し、集合的経験知に依拠しながら微調整を加えていくのが保守の英知である。国家批判の権利を放棄する姿勢は、保守の立場から出てきようがない。国家もまた人間によって構成されている以上、無謬の存在ではあり得ないからだ。

鶴見が嘆くのは、日本における保守の拡大ではなく、保守の欠如である。日本では正統な保守思想が育たず、「その成立の社会的基盤そのものが薄い」。どうしても日本の保守は「そのまま現政府への無条件の追随になってゆく」。戦中には鬼畜米英を説き、戦後には一転してアメリカの占領政策に寄り添ったように。「岩床」を持たない指導者たちが、簡単に転向していったように。

鶴見は、最後のところで日本の保守派を信頼することができず、自らを保守主義者と規定することを断念した。それは、常にまがい物の保守に取り込まれ、「岩床」を溶解させる危険性を恐れたからだ。

では、どうすればよいのか。

そうだとすれば、その欠落をうめるために、保守主義以外の思想の潮流が代行することを認める。（同書）

これが鶴見の「革新」へのアプローチだった。彼の左派的なスタンスの背景には、正統な保守思想に対する憧憬と敬意が存在した。保守の人間観を信頼し、庶民の英知を平和思想に発展させる道を「革新」という枠組みの中で模索した。

鶴見の問いは、現在でも有効である。いやむしろ、今の保守のインフレ状態が続く現在にこそ、重要なメッセージとして輝いている。

鶴見俊輔はアクチュアルな思想家である。鶴見の精神の継承こそが、時代に抗する力となる。私は鶴見から渡されたバトンを握りしめ、現代を走りたいと思う。田中正造や石橋湛山、水野広徳を受け継ぎたいと思う。

『昭和を語る　鶴見俊輔座談』が鶴見の再評価につながることを願いたい。

■『昭和を語る　鶴見俊輔座談』晶文社・解説・二〇一五年六月三十日

鶴見さんの態度

鶴見俊輔さんの訃報に接した時、全身から力が抜け、虚脱感に襲われた。鶴見さんの存在は、私にとってあまりにも大きかった。

鶴見さんは、時に進歩的文化人の代表と見なされる。しかし、彼ほど「進歩」という概念を厳しく懐疑した人はいない。

長い冷戦が続く中、鶴見さんはアメリカとソ連の両方を疑った。確かに両国は資本主義と社会主義というイデオロギー面で対立している。しかし、「進歩の幻想」にしがみついている点では同じである。そして、ほかならぬ戦後日本も同じ罠にはまっている。この病理をいかにすれば乗り越えられるかが、鶴見さんの問いだった。

鶴見さんは、進歩幻想の背景にあるエリートの「一番病」を指摘し続けた。進歩を疑わない人には、自らの能力に対する過信がある。人間の力によって、完成された未来を切り開けるという思い上がりがある。「正しい答え」を所有できると思い込んでいる。結果、彼らは時の権威者に追随し、自己を失っていく。

一方、鶴見さんが評価したのは無名の庶民による生活世界だった。そこで重視されるのは人柄や態度であって、偏差値ではない。

鶴見さんは、よく「岩床」という言葉を使った。時代の変化に阿らず、一貫した態度を示す人をこよなく愛した。彼は戦中から戦後にかけて、意見を一変させた人を目の当たりにした。昨日まで好戦的発言を繰り返していた人が、敗戦後、平和主義者として発言する。鶴見さんは「器用な利口さ」を嫌悪した。

鶴見さんは、庶民の「岩床」や「流儀」に価値を見いだした。「村の思想」の中には、多少のいさかいは存在しても、他の集団を駆逐するような暴力は存在しない。土着世界の経験知にこそ、文明的な英知が存在する。

鶴見さんが、「村の思想」を強調するには訳があった。それは、戦後日本の平和思想の脆弱性に不安を覚えていたからである。日本は戦後、確かに平和になった。米国に負けてからは、直接的には戦争を起こしていない。しかし、その平和は与えられたものである。敗戦によって外からもたらされたものであって、自らの手で獲得したものではない。

戦後の平和に根拠を与えるためには、日本の伝統との連続性を確保しなければならない。「村の思想」と戦後思想を地続きのものとしなければならない。それが鶴見さんの強い思いだった。

鶴見さんは高尚な芸術だけでなく、漫画などの大衆文化に価値を見いだした。彼は山上たつひこの漫画『がきデカ』を愛した。そこには「一番病」は存在せず、愛される人間の流儀に満ちていた。この庶民の岩床を崩さなければ、平和は維持され、静かな停頓を引き受けることができる。そう考えた。

しかし、近代社会の中で「村の思想」は負け続ける。小ざかしい功利的思考ばかりが重用され、不器用な一貫性は退けられる。だから、鶴見さんは「負けっぷりの良さ」にこだわった。主流となることよりも、堂々と負けてみせることに意味を見いだした。

我々は本気で負けることができているだろうか。時代に抗する覚悟のないところには、敗北すら存在しない。鶴見さんの「態度」を継承したい。

■『共同通信』二〇一五年七月配信

あとがき

本書は、これまで様々な媒体に書いた評論を、一冊にまとめたものです。一章は書き下ろしで、枝野幸男さんとの対談は、本書収録のために行ったものです。

私は、学術的な文章を書くことと同様に、時事的な評論を書くことを大切にしてきました。それは福沢諭吉や中江兆民といった近代日本を代表する思想家たちが、時事的な問題を批評するかたちで、自らの思想や論理を示してきたからです。彼らは特定の時代の中で、特定の問題と関わりながら、普遍的な考察を進めていった人物でした。彼らには到底及ばないものの、私自身も自分の生きる時代と向き合いながら、普遍的な問題を考えていきたいと考えてきました。本書はそのような試みをまとめてみたものです。

この十年の出来事の中で、やはり大きな転機となったのは、東日本大震災でした。震災後、〈死者〉という問題を考え始め、常に〈死者〉という視点から政治を見るようになりました。そうすると、これまで考えてきた「保守」や「リベラル」、「デモクラシー」、「立憲主義」といったテーマに、別の光が差し込んでくるようになりました。本書に収録した論考には、その影が時論考の大半は、二〇一二年以降の安倍政権下で書かれたものです。民主党政権が瓦解し、安倍政権以外の選択肢が見えない中、多くの政治家の方々とお会いし、議論をさせていただきました。その中で、どうしても「リベラル保守」という「もう一隻の船」を用意しなければならないと思い、私が考える保守思想の論理を訴えて来ました。

思いがけない事態の連続の中で、二〇一七年秋に立憲民主党が立ち上がり、「リベラルな保守」を看板とする政党が、野党第一党になりました。希望の党も「寛容な改革保守」を標榜しており、民進党から分裂した両党が、共に「リベラル保守」を掲げる事態になっています。

一章で述べたように、私は立憲民主党に理があると考えています。希望の党は、アクロバティックな結集を図った結果、理念の統一に失敗し、民進党以上にわかりにくい政党になってしまいました。民進党の問題点を払拭するどころか、より一層、混迷を深めることで、国民からの支持を失っています。

希望の党を構想した人たちは、策に溺れたというべきでしょう。そこには能力に対する過信や不確実なものへの博打的投機といった反保守的な態度が見え隠れしています。保守はラディカルな変化を退け、漸進的な改革を進めます。希望の党の結党により、民主党・民進党が時間をかけて築いてきた組織や支持基盤はボロボロに切り裂かれてしまいました。その損失は計り知れません。経験知や暗黙知の蓄積は、そう簡単に手に入れることはできません。「保守」を掲げるのであれば、未来に対する無根拠な楽観に飛びついてはいけません。

本書は、十年来の親友である森山裕之さんが編集を担当してくれました。かつて雑誌『クイック・ジャパン』や『マンスリーよしもとPLUS』の編集長をつとめた森山さんは、二〇一六年に独立し、スタンド・ブックスを立ち上げました。本書はスタンド・ブックスからの三冊目の出版物になります。森山さんは、私が過去十五年ほどに書き散らした文章すべてに目を通し、本書に収録した論考をセレクトしてくれました。大変な作業に全力で取り組んでくれた親友に、心から感謝したいと思います。そして、やっと森山さんと一冊の本を作ることができたことを、喜びたいと思います。

装丁・デザインは、これも親友の矢萩多聞さんに担当していただきました。改めて数えてみると、多聞さんに著書をデザインしてもらうのは、対談本や文庫本を含めると二十冊を超えています。いつも本当にありがとうございます。

中島岳志

初出は各文末に明記しました。本書収録にあたり、一部、改題、加筆改稿しました。

中島岳志（なかじま・たけし）
一九七五年大阪生まれ。大阪外国語大学卒業。京都大学大学院博士課程修了。北海道大学大学院准教授を経て、現在は東京工業大学リベラルアーツ研究教育院教授。専攻は南アジア地域研究、近代日本政治思想。二〇〇五年、『中村屋のボース』で大佛次郎論壇賞、アジア・太平洋賞大賞受賞。著書に『ナショナリズムと宗教』、『インドの時代』、『パール判事』、『朝日平吾の鬱屈』、『保守のヒント』、『秋葉原事件』、『「リベラル保守」宣言』、『血盟団事件』、『岩波茂雄』、『アジア主義』、『下中彌三郎』、『親鸞と日本主義』他。『報道ステーション』のコメンテーター等、メディアへの出演も多数。

中島岳志

保守と立憲　世界によって私が変えられないために

二〇一八年二月二十日　初版発行

編集発行者――森山裕之
発行所――株式会社スタンド・ブックス
〒一七七―〇〇四一
東京都練馬区石神井町七丁目二十四―十七
TEL〇三―六九一三―二六八九
FAX〇三―六九一三―二六九〇
stand-books.com

装丁・レイアウト――矢萩多聞
対談構成――山本ぽてと
営業――関田正史

印刷・製本――中央精版印刷株式会社

ISBN 978-4-909048-02-8 C0036